中学化学核心概念学科理解

邓　峰　刘立雄　主编

化学工业出版社

·北京·

内容简介

《中学化学核心概念学科理解》借鉴国内外关于化学概念理解的优秀成果，基于化学学科理解、化学概念架构与学习进阶等理论框架，系统梳理中学化学教学中"物质组成""物质结构""物质性质""物质变化"与"反应规律"主题下的核心概念，同时还统整性地介绍了跨学段内容主题类与学科观念类核心概念的水平进阶。全书共七章，内容涵盖"物质"主题核心概念的学科理解、"反应规律"主题核心概念的学科理解、跨学段核心概念进阶的学科理解三个专题。每章末尾均设置学习任务栏目，以便读者在阅读、练习及反思的过程中更好地把握各核心概念之间的联系、认识功能及其教学实现。

本书是广大中学化学教育工作者、化学教学研究人员的工具书，可作为高等学校化学专业教育方向的教材或教学参考用书，也可供对化学课程有较强兴趣的高中学生自学使用。

图书在版编目（CIP）数据

中学化学核心概念学科理解/邓峰，刘立雄主编．—北京：化学工业出版社，2022.9（2025.6重印）

ISBN 978-7-122-41917-0

Ⅰ．①中…　Ⅱ．①邓…②刘…　Ⅲ．①中学化学课-教学研究-高等学校-教材　Ⅳ．①G633.82

中国版本图书馆 CIP 数据核字（2022）第 137885 号

责任编辑：陶艳玲　　　　　　　文字编辑：杨凤轩　师明远
责任校对：王　静　　　　　　　装帧设计：关　飞

出版发行：化学工业出版社
　　　　　（北京市东城区青年湖南街 13 号　邮政编码 100011）
印　　装：三河市航远印刷有限公司
787mm×1092mm　1/16　印张 12　字数 238 千字
2025 年 6 月北京第 1 版第 4 次印刷

购书咨询：010-64518888　　　售后服务：010-64518899
网　　址：http://www.cip.com.cn
凡购买本书，如有缺损质量问题，本社销售中心负责调换。

定　　价：49.00 元　　　　　　　版权所有　违者必究

本书编写人员名单

主编：邓　峰　刘立雄

参编：刘睿琪　柳先美　胡世丰

　　　眭苏奇　成　山　贺文启

　　　胡润泽　佘雪玲

前言

　　化学概念是化学学科知识体系的基础，概念教学一直受到化学教育工作者的重视。《普通高中课程方案》（2017 年版 2022 年修订）中指出："重视以学科大概念为核心，使课程内容结构化，以主题为引领，使课程内容情境化，促进学科核心素养的落实。"与普通化学概念相比，化学学科大概念指具有化学学科特性同时具有中心性、统领性，指向学科基本结构的核心概念。由于大概念一般以隐性的方式蕴藏于具体化学知识或事实背后，因此需要化学教师对知识从学科本原上进行提炼，即需要提升化学学科理解，以更好地开展与落实素养为本的课堂教学。

　　《普通高中化学课程标准》（2017 年版 2020 年修订）中将化学学科理解定义为"教师对化学知识及其思维方式和方法的一种本原性、结构化的认识"。一方面，该定义指明了化学学科理解的对象——不仅包括关于物质的组成、结构、性质与变（转）化规律等化学学科知识，还包括如何认识物质的化学学科思维方式和方法。另一方面，该定义也阐明了化学学科理解的方式——"本原性"，要求教师对化学知识及其思维方式和方法进行深层次与本原性的思考；"结构化"则要求教师从不同学科认识视角对化学知识进行关联与统整，形成化学概念架构或进阶性理解等系统性认识。

　　在当前中学化学教学中，教师对化学概念的认识容易停留在表层，较难以本原性和结构化的方式加以解读，如果在教学过程中因学科理解不足出现不科学、不规范的表述，会导致学生产生更多的化学概念迷思。因此，为了更有效地帮助教师提升化学学科理解，我们着眼于化学学科大概念，对中学化学教学中"物质"与"反应规律"主题下的核心概念进行梳理，并从内容主题和学科观念两个维度对跨学段核心概念进阶进行统整性介绍。

　　本书分为三个部分，第一与第二部分主要梳理中学化学教学中关于"物质"（组成、结构、性质与变化）与"反应规律"（热力学与动力学）主题下的核心（或重要）概念，从"本原内涵"和"功能价值"两个维度加以说明。其中，"本原内涵"维度梳理中学不同版本教材与大学教材中对该概念的表述，以帮助读者建构对概念的本原性认识；"功能价值"维度则关注该概念与其他概念的关联，尤其探讨概念所承载的学科思维方式和方法，或进一步讨论概念的学科功能与应用价值，帮助读者更好地认识核心概念对落实化学核心素养的重要意义。第三部分基于学习进阶理论，以更系统的方式对内容主题类与学科观念类核心概念进阶进行跨学段（如初中、高中必修与高中选择性必修三个阶段）分析，进一步增强读者对整个中学阶段化学核心概念的学科理解。

本书具有以下特色。

（1）布局清晰，内容逻辑性强。本书结构按照从"物质"主题到"反应规律"主题核心概念，再到跨学段核心概念进阶学科理解的顺序依次介绍。

（2）视角新颖，概念统整性强。本书将学科核心概念价值显化，为形成对化学本原性与结构化认识搭建基本理解框架，一改传统的以具体化学问题为编排体系的方式，改为以概念进行梳理，强调概念所承载的思维方式和功能价值。

（3）范例丰富，教学应用性强。本书注重结合具体中学化学教学实际问题进行分析，并给出相应的建议。

（4）理论先进，观点前沿性强。本书融合了国内外科学教育领域较前沿的概念学习理论，如化学学科理解、学习进阶、大概念等。

本书编写思路、框架结构和内容编排由华南师范大学邓峰与广东实验中学刘立雄老师共同设计，并由邓峰统稿与定稿。

本书从开篇到定稿得到许多良师益友的帮助与支持，尤其是 Solomon 研究团队2019 级、2020 级与 2021 级全体研究生。感谢广东省刘立雄名师工作室和华南师范大学化学学院领导对本书出版的鼎力支持。

当然，对于化学学科理解及其教学，编者仍需向国内外同行学习。由于编者水平和时间有限，书中难免存在疏漏或不足之处，敬请同行与广大读者多多指教。

编者
2022 年 6 月于华南师范大学楠园

目 录

第 1 章 "物质组成"类核心概念 / 001

第 2 章 "物质结构"类核心概念 / 040

第 3 章 "物质性质"类核心概念 / 076

第 4 章 "物质变化"类核心概念 / 092

第 5 章 "反应规律"类核心概念 / 109

第 6 章 内容主题类核心概念进阶 / 144

第 7 章 学科观念类核心概念进阶 / 168

第 1 章
"物质组成" 类核心概念

- 原子、离子、分子
- 基、基团、官能团
- 物质的量、摩尔
- 元素、核素、同位素
- 化合价
- 原子半径
- 电离能
- 电负性
- 纯净物、混合物
- 合金
- 分散系

1.1 原子、离子、分子

本原内涵

【原子】（atom）

山东教育出版社出版（简称鲁教版）化学九年级上册中提及"原子是构成物质的一种基本粒子，因此原子具有微观粒子的一般性质，如质量和体积很小、原子之间存在间隔和相互作用、总在不断运动等"（p.76）。此外，山东科学技术出版社出版（简称鲁科版）化学必修第二册中继续说明"原子是构成物质的一种基本微粒，物质的组成、结构和性质都与原子结构密切相关。原子由原子核和核外电子构成，而原子核由更小的微粒——质子和中子构成"（p.2）。人民教育出版社出版（简称人教版）化学九年级上册（2012年版）将"原子"定义为："原子是化学变化中的最小粒子"（p.50）。例如，在加热红色的氧化汞粉末时，氧化汞分子会分解成氧原子和汞原子，每2个氧原子结合成1个氧分子，许多汞原子聚集成金属汞。教材进而补充说明："在化学变化中，分子的种类可以发生变化，而原子的种类不会发生变化，因此，原子是化学变化中的最小粒子。"然而，也有学者认为将"原子"定义为"化学变化中的最小粒子"稍欠严谨，其理由为：原子、分子与离子均可作为参与化学变化的粒子，考虑到三者在大小比较方面的复杂性，不能过于绝对地判定"原子"为最小粒子。综上，在中学阶段，可将"原子"理解为：原子是由原子核与核外电子构成的电中性微粒，它与分子（或离子）可以相互转化，是构成物质的微粒之一。

【离子】（ion）

人教版化学九年级上册（2012年版）将"离子"定义为："带电的原子叫做离子"（p.65）。例如，钠原子因失去1个电子而带上1个单位的正电荷，这个带电的钠原子叫做钠离子（Na^+）。同时，教材还指出"带正电的原子叫做阳离子，带负电的原子叫做阴离子"。离子和原子、分子一样，也是构成物质的微粒。另外，人教版化学九年级上册第65页注释部分也提到："带电的原子团也叫离子"，如 OH^-（氢氧根离子）等。因此，"离子"可被定义为"带电的原子或原子团"。鲁教版化学九年级上册对"离子"的定义为"原子失去电子后变成带正电荷的阳离子，得到电子后变成带负电荷的阴离子"，并举例说明"钠原子（Na）失去 1 个电子，形成带 1 个单位正电荷的钠离子（Na^+）；氯原子（Cl）得到 1 个电子，形成带 1 个单位负电荷的氯离子（Cl^-）。带相反电荷的钠离子和氯离子相互作用，就形成了新的物质——氯化钠（NaCl），它是食盐的主要成分。除氯化钠外，氧化镁（MgO）、氯化钾（KCl）等很多物质都是由离子构成的"，进而明确"离子也是构成物质的一种基本粒子"（p. 44）。

一般来说，在中学阶段，可将"离子"理解为：离子是带电的原子或原子团，它与原子（或分子）可以相互转化，是构成物质的微粒之一。

【分子】（molecule）

鲁教版化学九年级上册中提及："许多物质像水一样，是由分子构成的，如氢气、氧气和蔗糖等。分子是构成物质的一种基本粒子，它们都是由原子构成的。分子的质量和体积都很小，相互之间有间隔，存在着相互作用，自身有能量，总在不断地运动。正是由于分子具有这样的本质属性，自然界中的水才会通过分子能量的变化实现固、液、气三种状态之间的相互转化"（p. 23）。人教版化学九年级上册（2012 年版）将"分子"定义为"由分子构成的物质，分子是保持其化学性质的最小粒子"（p. 50）。例如，过氧化氢分解制取氧气时，过氧化氢分子就变成了氧分子和水分子，过氧化氢的性质不再保持。

中学化学教学中须注意"由分子构成的物质"与"化学性质"这两个"限定"，否则易造成科学性错误。譬如酸、碱或金属均具有各自的通性（化学性质），这些性质分别由 H^+、OH^- 或金属原子等微粒所保持并体现出来，即并非"分子"这种微粒。另外，分子并不能保持物质的物理性质，因为物理性质需要由宏观物质，即大量构成物质的微粒的聚集体才能表现出来。基于已有文献及教学经验发现，有学生容易将宏观物质的物理性质错误地迁移到微观粒子上，譬如认为"氯气分子呈黄绿色""硫化氢分子具有臭鸡蛋气味"以及"金原子能导电"等。

因此，在中学化学阶段可将"分子"理解为：分子是由原子结合而成的电中性微粒，与原子（或离子）可以相互转化，是构成物质的微粒之一；同时也是保持由分子构成物质的化学性质的最小微粒。

功能价值

上述原子、离子、分子（以及电子、光子等）均为构成化学物质的微粒，它们均为静止质量不为 0 的微观粒子，一般具有如下特征：①体积很小，但可分可测可量；

②微粒不停运动；③微粒之间有间隔；④微粒间具有相互作用等。根据《初中化学课标（2011 年版）》要求，学生需要认识物质的微粒性，知道分子、原子、离子等都是构成物质的微粒；能用微粒的观点解释某些常见的现象（如浓氨水和浓盐酸相互接近时的"空中生烟"现象）；知道原子是由原子核和核外电子构成的；知道原子可以结合成分子、同一元素的原子和离子可以互相转化，初步认识核外电子在化学反应中的作用。这些均体现了化学微粒观以及宏微结合的思维方式。

从微粒观的视角来看，微观粒子本身是有能量的、不断运动的、彼此有间隔的。譬如，分子总是在不断地运动，利用分子这一特性我们可以根据不同需要抑制或加快分子的运动。比如酒中的乙醇易挥发，需要在不使用时盖紧瓶盖并放置在阴凉处保存；腌制菜肴、清洁除臭都是利用分子扩散来进行的；在医疗方面，血液透析也利用了这一特点。另外，原子、离子、分子等微粒构成了物质世界。譬如，原子既能直接构成物质，又能先构成分子或离子，再由分子、离子构成物质，并且在一般条件下物质发生化学变化时，分子、离子会发生变化，而原子保持不变；微粒间存在相互作用，化学反应实质是由于微粒间的相互作用的改变。

从科学本质观的视角来看，人们对分子的认识也是不断进步、不断深入的过程。20 世纪的化学研究分子，下半叶后它不再是纯粹的实验科学，而是理论（如量子力学）和实验并重的自然科学；21 世纪的化学研究泛分子，研究方法增加了模型法和计算机虚拟法，研究的对象是包含 10 个层次的泛分子：原子、分子片、结构单元、分子、超分子、高分子、生物大分子和活分子、纳米分子和纳米聚集体、原子和分子的宏观聚集体、复杂分子体系及其组装体（详见徐光宪教授 2002 年发表的文章：21 世纪的化学是研究泛分子的科学）。以上说明科学认识是一个永恒的发展过程，科学理论不是一成不变的。一个相对成熟的理论（如卢瑟福的原子结构理论），在科学发展过程中会暴露出它与科学实验的矛盾或与其他成熟理论的矛盾，最终被另一个更完善、适应范围更广的理论（如玻尔的原子结构理论）所吸收。人类对原子、分子的认识过程是微粒观内涵形成的过程，是历史认识和个体认识的统一，对于学生形成正确的微粒观是非常必要的。

学生在初中阶段首次接触原子、离子、分子等微观粒子的概念，而在高中阶段对于原子的教学要求深化到原子结构、离子或分子的空间结构，并侧重于"结构决定性质"观念的渗透与发展。选择性必修课程模块 2 "物质结构与性质"对原子对元素性质的影响、分子/晶体结构与物质性质的关系等提出更高的认识要求，使学生深入认识物质的结构与性质之间的关系，进而发展"宏观辨识与微观探析"素养。因此，教师需要在初中阶段有意识引导学生对原子、离子与分子等概念建构初步整合的认识，由其逐步形成与发展化学微粒观。

学习任务

● 请用概念图表示并说明"原子""离子""分子"三个概念之间的关系。

● 请与同伴小组讨论"原子""离子"与"分子"概念的学科认识功能。

● 初中与高中阶段可如何开展"原子""离子"与"分子"的概念教学？

1.2 基、基团、官能团

本原内涵

【基】、【基团】（group）

2019 年人教版高中化学必修第二册（p.77）第一次提到"基"："乙醇中的 —OH 原子团称为羟基"。2019 年人教版高中化学选择性必修 3《有机化学基础》（p.28）对"基"的定义也采用举例的方式呈现："烃分子中去掉 1 个氢原子后剩余的基团称为烃基，如甲烷分子去掉 1 个氢原子是甲基（—CH_3），乙烷分子去掉 1 个氢原子是乙基（—CH_2CH_3）"。另外，2004 年版鲁科版化学选修 5 给出"取代基"的定义："取代基是指连接在有机化合物分子中主链上的原子或原子团"（p.10）。由此可见，教材中关于"基"的定义主要沿用了德国化学家李比希（J. von Liebig，1803—1873）的定义：①"基"是一系列有机化合物中不变的部分；②"基"在化合物中可被某种元素的单个原子或原子团所取代；③取代"基"的基团，可以被其他基团所取代。

此外，《新华字典》中将"基"定义为："化学中化合物的分子中所含的一部分原子被看作是一个单位时，称作'基'，而'基团'是'原子团'和'基'的统称。"其中，"原子团"指由两种或两种以上的原子结合而成的原子基团，可带电（如氢氧根 OH^-，稳定，能以游离状态存在于溶液中或熔融状态下）或呈电中性（如羟基 —OH，不稳定，不能独立存在，只能与别的基结合形成化合物）；换言之，"根"和"基"均属于原子团。因此，"基"与"基团"两个概念相似但有所不同。然而需要注意某些特殊情况，譬如对于卤代苯而言，卤原子虽然可以理解为苯环上的取代基，但不能称之为"基团"。

【官能团】（functional group）

与"基"或"基团"相比，"官能团"则特指有机化合物分子中能体现物质特性的"基团"。在 2019 年人教版高中化学必修第二册中，"官能团"首次被定义为"像这种决定有机化合物特性的原子或原子团叫做官能团。羟基是醇类物质的官能团，碳碳双键和碳碳三键分别是烯烃和炔烃的官能团"（p.78）。该定义是在对乙醇与乙烷性质以及分子结构的差异进行分析的基础上而提出的。另外，在 2019 年人教版选择性必修 3《有机化学基础》教材（p.5）中，也类似地通过对比甲烷与甲醇二者结构与性质提出相同的定义，并以表格的形式列举烃及其衍生物分子中所含的常见官能团，如醚键、醛基、酮羰基、羧基、酯基、氨基、酰胺基等。不同的是，2019 年鲁科版选择性必修 3《有机化学基础》教材则从有机化合物结构与性质的相似之处来定义："有机化合物分子中，决定着某类有机化合物共同特性的原子或原子团称为官能团"（p.6）；同时，并没将"醚键"作为官能团列出。与 2004 年苏教版化学选修 5 教材不同的是，2019 年教材统一将卤代烃中的官能团称为"碳卤键"而非"卤原子"，这与其定义中的"原子"似乎稍有出入，但有助于衔接大学有机化学教材的话语体系。因此，化学教师需要在教学中引导学生辨识，将其与"碳碳双键""碳碳三键"以及"醚键"等进行归类理解。

需要注意的是，在特殊情况下，考虑到苯酚中苯环的化学活性问题，苯环也可视为苯酚的官能团。据此可根据具体情况界定"官能团"的概念内涵——它在化学反应中指有机物化学反应的活性基团，而在非化学反应情况下则指能表现有机物特性的基团。考虑到现行高中化学教材中一般未将苯环当作官能团处理，教师在教学中可仍旧遵照教材的做法。

功能价值

在"基""基团"与"官能团"三个概念中，"官能团"可看作"有机化学基础"模块中的核心概念，其价值主要包括以下四个方面（图 1-1）。

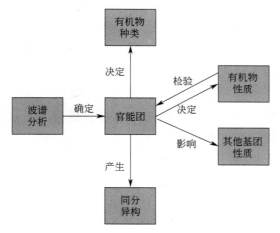

图 1-1 "官能团"概念价值

（1）决定有机物的种类　可根据官能团对有机物进行分类。

（2）产生官能团的位置异构和种类异构　中学化学中有机物的同分异构种类有碳链异构、官能团位置异构和官能团的种类异构三种。对于同类有机物，由于官能团的位置不同而引起的同分异构是官能团的位置异构。有些有机化合物具有相同元素组成与原子个数，却形成了不同的官能团，从而形成了不同的有机物类别，这就是官能团的种类异构，如相同碳原子数的醛和酮，相同碳原子数的羧酸和酯等。

（3）决定有机物的化学性质　官能团对有机物的性质起决定作用，如—X、—OH、—CHO、—COOH、—NO$_2$、—SO$_3$H、—NH$_2$、—CONH$_2$，这些官能团就决定了有机物中的卤代烃、醇或酚、醛、羧酸、硝基化合物、磺酸类有机物、胺类、酰胺类的化学性质。因此，学习有机物的性质实际上是学习官能团的性质。例如，含有醛基的醛类物质能发生银镜反应，或被新制的氢氧化铜悬浊液所氧化。

（4）影响其他基团的性质　有机物分子中的基团之间存在着相互影响，这包括官能团对烃基的影响、烃基对官能团的影响以及含有多官能团的物质中官能团之间的相互影响。例如醇、苯酚和羧酸的分子都含有羟基，故皆可与钠作用放出氢气，但由于所连的基团不同，在酸性上存在差异。

另外，"官能团"概念主要体现了"分类观"与"结构决定性质，性质反映结构"（也称微粒观或结构观）两大学科观念。譬如，"官能团"概念不仅能帮助学生从官能团的视角认识有机化合物的分类，更有助于其基于官能团分析、解释或预测有机化合物可能具有的化学或物理性质。在有机化学教学中，教师可引导学生认识：①分子中所含官能团不同，其化学性质不同；分子中所含官能团相同，但若其连接方式和位置不同，物理或化学性质也有所不同；②分子中含有两种或两种以上官能团时，该分子可能具有多方面的性质，若多种官能团之间互相影响，又可能表现出某种或某些特殊性质。不难发现，这些也较好地体现了唯物辩证法中的"整体与部分的关系""矛盾的普遍性与特殊性"等哲学思想。

从中学生对有机化合物的认识发展来看，必修阶段仅要求其能基于乙烯、乙醇与乙酸等典型代表物初步认识有机物的结构特点，尤其认识到官能团是有机物分子结构的重要组成部分。在选择性必修阶段，则要求其进一步认识官能团的种类，从官能团的视角认识有机物的分类，知道简单有机物的命名；认识官能团与有机化合物特性的关系，认识同一分子中官能团之间存在相互影响；认识官能团在一定条件下能相互转化等。换言之，选择性必修阶段要求学生从官能团及其与其他基团之间相互影响的角度，系统认识有机物的分子结构、性质与转化，尤其是丰富学生关于化学反应类型的认识视角（如取代反应、加成反应、消去反应、氧化反应、还原反应等）。

学习任务

- 请用概念图表示"基""基团"与"官能团"概念之间的关系。

- 请与同伴小组讨论"官能团"概念的学科认识功能。

- 高中必修与选择性必修阶段可如何有效开展"官能团"的概念教学？

1.3 物质的量、摩尔

本原内涵

【物质的量】（amount of substance）

2019 年人教版高中化学必修第一册（p.49）将"物质的量"定义为："物质的量是一个物理量，它表示含有一定数目粒子的集合体，符号为 n。"物质的量的单位为摩尔，简称摩，符号为 mol。国际上规定，1mol 粒子集合体所含的粒子数约为 $6.02×10^{23}$。把 1mol 任何粒子的粒子数叫做阿伏加德罗常数，符号为 N_A，通常用 $6.02×10^{23} \text{mol}^{-1}$ 表示。作为物质的量的单位，mol 可以计量所有微观粒子（包括原子、分子、离子、原子团、电子、质子、中子等），如 1mol Fe、1mol O_2、1mol Na^+、1mol SO_4^{2-} 等。

2019 年鲁科版高中化学必修第一册（p.21）中也有类似的定义："物质的量（amount of substance），像长度、质量、时间、电流等物理量一样，也是一个物理量，通过它可以把物质的宏观量（如质量、体积）与原子、分子或离子等微观粒子的数量联系起来。"物质的量的单位是摩尔，简称摩，符号为 mol。国际计量大会规定，1mol 包含 $6.02214076×10^{23}$ 个基本单元（原子、分子或离子等微观粒子或它们的组合）。$6.02214076×10^{23} \text{mol}^{-1}$ 这一常数被称为阿伏加德罗常数，其符号为 N_A。实验表明，阿伏加德罗常数个 ^{12}C 原子的质量约为 0.012kg。通常，阿伏加德罗常数可以近似表示为 $6.02×10^{23} \text{mol}^{-1}$。物质的量、阿伏加德罗常数（$N_A$）与微粒数（$N$）之间存在以下关系：$n=N/N_A$，根据上式可以进行物质的量和微粒数之间的换算。例如，$3.01×10^{23}$ 个氧气分子的物质的量为 0.5mol，$9.03×10^{23}$ 个铁原子的物质的量为 1.5mol。从这个角度看，物质的量是用阿伏加德罗常数作为标准来衡量微粒集合体所含微粒数多少的物理量。

【摩尔】（mole）

需要注意的是，虽然"摩尔"是"物质的量"的单位，但"物质的量"是以"摩尔"概念为基础发展而来的。1961 年，化学家古根海姆（E. A. Guggenheim）将摩尔称为"化学家的物质的量"并阐述其含义；1971 年，在由 41 个国家参加的第 14 届国际计量大会上，正式宣布将"物质的量"作为国际单位制中的一个基本物理量，其单位为摩尔。此时摩尔被定义为某系统的物质的量，且该系统中所含的基本单元数与 $0.012kg\ ^{12}C$ 的原子数目相等。在 2018 年第 26 届国际计量大会上，摩尔被赋予新的定义：包含 $6.02214076 \times 10^{23}$ 个指定基本粒子的系统的物质的量。

摩尔是微粒的计量单位，它所量度的对象为构成物质的基本微粒（如原子、离子、分子与电子等）及其特定组合。因此，在使用摩尔或"物质的量"时，必须指明所要量度的微粒的名称或微粒特定组合的名称，且不能使用中文。例如，"1mol 氢"的说法模糊，是没有意义的，因为氢是元素的名称，不是粒子的名称或符号（或化学式），故违反了物质的量单位的使用规则。

功能价值

在 2019 年人教版必修第一册教材中，"物质的量"内容被编排在第二章的第三节，即放在"钠及其化合物"与"氯及其化合物"两节内容之后。该概念的引入有助于学生建立可称量的宏观物质与不可称量的微观粒子之间的联系，让学生在学习完前两节中有关定性研究物质的思路基础上，更进一步地从定量角度认识物质的性质以及物质之间的反应规律，尤其涉及氧化还原反应电子得失计算方面，初步建构"宏观辨识与微观探析"的化学核心素养，逐步形成与发展"宏观与微观相结合"与"定性与定量相结合"学科思维，为后续进一步研究分子、原子、离子间的相互作用奠定良好的基础。类似却稍有不同的是，2019 年鲁科版必修第一册则将"物质的量"内容放在第一章第三节，即位于"走进化学科学"（第一节）与"研究物质性质的方法和程序"（第二节）内容之后。具体而言，学生在前两节分别认识化学科学的特点与物质性质的定性研究方法之后，继而体会定量研究方法对学习和研究化学的重要作用。

另外，"物质的量"这一核心概念起着联结整合其他基本概念的认识功能。譬如，学生可基于"物质的量"认识物质组成及其化学变化，即将其作为桥梁建构物质的质量、气体的体积、物质的量浓度、微粒数目等宏观与微观物理量之间的转换关系模型并进行简单计算，建立认识微观世界的定量视角，从而更好地认识定量研究对化学科学、医药、生产与生活的重要作用。此外，由于摩尔的新定义不再依赖于质量单位 kg，而是以阿伏加德罗常数为基础，相应地，物质的量溯源也由原来仅对精确物理量测量技术的要求，增加了对精密测量化学的要求，如对物质材料的超高纯制备和分析，对元素同位素组成和相对原子质量的精确测量等，对物质的量溯源途径和体系研究提出了新的挑战与诉求，这将推动相关基础科学理论的发展，促进人们对微观世界深度了解与认知。

🖊 学习任务 _____

● 请用概念图表示"物质的量"与相关基本概念之间的关系。

● 请与同伴小组讨论"物质的量"与"摩尔"概念的学科认识与实际应用功能。

● 高中阶段可如何有效开展"物质的量"与"摩尔"概念教学？

1.4 元素、核素、同位素

本原内涵

【元素】（element）

"元素"这一概念最早起源于 18 世纪科学家对自然界事物与现象的"质"的思考。譬如，化学家狄德罗于 1753 年在其著作《论解释自然》中首次将产生一切自然现象所必需的那些不同的"异质物质"称为元素。拉瓦锡于 1798 年在《化学纲要》中进一步总结元素的特征，如：元素的数目和性质只能通过实验来确定；一种元素不必存在于所有的物质之中；元素可能由其他更简单的物质构成。直至 20 世纪初，随着科技的巨大发展，人们逐步发现元素性质与原子结构之间的内在联系，并据此开始基于原子核内的质子数对元素进行分类与定义，从而发展出现代化学元素的概念。

人教版化学九年级上册（p.59）将"元素"定义为"质子数（即核电荷数）相同的一类原子的总称"；继而强调"在物质发生变化时，原子的种类不变，元素也不会改变"。鲁科版化学九年级上册（p.46）首先以"科学研究表明，原子核中质子数相同的原子在化学变化中表现出来的性质几乎完全相同"作为导引，再据此给出元素的定义并举例说明："例如，质子数为 1 的一类原子称为氢元素，质子数为 6 的一类原子称为碳元素，质子数为 8 的一类原子称为氧元素。"

需要注意的是，上述定义中的"原子"应为广义上的原子概念，即同时包括电中性的原子与带电的离子。例如，Na 与 Na^+ 均为钠元素。通过电子得失形成最外层 8 电子稳定结构的离子，其性质仍由电子得失前的原子性质决定，譬如，Na^+ 较为稳定的性质是由于钠原子较活泼容易失去电子的性质决定的。因此，元素定义中的原子应为广义的原子，可将"元素"描述为核内质子数（或核电荷数）相同的一类原子（包括离子）的总称。

【核素】（nuclide）、【同位素】（isotope）

"核素"与"同位素"两个定义通常会成对出现，且一般与"元素"概念相联系。譬如，2019 年人教版高中化学必修第一册（p.90）将它们定义如下："把具有一定数目质子和一定数目中子的一种原子叫做核素，如 ^1H、^2H 和 ^3H 就各为一种核素。质子数相同而中子数不同的同一元素的不同原子互称为同位素（即同一元素的不同核素互称为同位素），如 ^{1}H、^{2}H 和 ^{3}H 互为同位素。"同位"是指核素的质子数相同，在元素周期表中占有相同的位置。同一元素的不同核素的中子数不同，质量数也不相同。2019 年鲁科版高中化学必修第二册也给出了相似的定义以及概念之间的联系，并说明有些元素只有一种核素（如 F 和 Na）。

功能价值

通过对比人教版和鲁科版初中化学教材的编排思路发现，二者均先介绍原子和原子结构，原子包括核外电子和原子核，原子核又包括质子和中子；而元素的定义是在学生明晰质子数（核电荷数）、原子等概念的情况下统整提出的，这些基本概念之间的逻辑关系如图 1-2 所示。"元素"是元素观这一基本观念下处于核心地位的概念，因此初中阶段"元素"一课承载的思维观念主要是元素观。在初中"元素"一课，其承载元素观内涵包括：元素对应于一类原子，由于原子不容易发生变化，所以元素不容易发生变化；物质是由元素组成的，元素可以组成不同的物质。"元素"和"原子"概念的学科功能分别为宏观与微观视角表征物质的成分。因此学生学习完"元素"概念，可逐步形成认识化学物质及其相互转化的元素视角，并与"原子"概念的微观视角相结合，有助于发展学生的"宏观辨识与微观探析"核心素养。

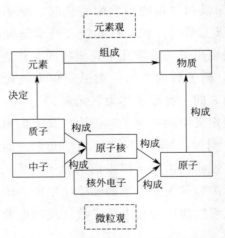

图 1-2　元素、原子、物质之间关系的概念图

需要注意的是，元素观的建构不是一蹴而就的，而是在中学教材中螺旋式发展的。在高中必修阶段，学生学习完"物质的转化""氧化还原反应""元素周期表"等知识后，可以形成较为全面的元素观，其内涵包括：物质是由元素组成的，元素可以组成不同的物质；物质的组成元素不同，其性质也不相同；每一种元素对应于一类原

子，由于原子不容易发生变化，所以元素不容易发生变化；通常我们见到的物质千变万化，只是化学元素的重新组合，在化学反应中元素不变（种类不变、质量守恒）；元素在物质中可以具有不同的价态，可通过氧化还原反应实现含有不同价态同种元素的物质的相互转化；元素的性质随原子核外电子排布呈现出周期性变化的规律，元素周期表是这一规律的具体体现形式。简言之，"元素"这一概念的主要价值在于建立元素与原子结构、物质化学性质以及转化关系的认识模型。"核素"与"同位素"概念的功能主要有二：一方面，扩大元素概念的理解范畴（一开始在古希腊、古中国、古印度，元素是万物中不变的因素），使人们对原子结构的认识更深一步，使相对原子质量的测量基准也发生了重大的变革，再一次佐证了决定元素化学性质的是质子数（核电荷数），而不是原子的质量数；另一方面，帮助学生进一步强化对"构"与"位"关系的认识，为后面建构"位-构-性"认识模型打下基础。

世界上所有物质是由元素组成的，元素具有巨大的应用价值。首先，某些元素与人体的生命健康息息相关。譬如，钙是人体骨骼的重要组成元素，幼儿缺钙会患佝偻病和发育不良，老年人缺钙容易骨折；铁是血红蛋白的成分，缺铁会引起贫血。表1-1是几种微量元素对人体的作用及14～18岁人群每天的推荐摄入量。其次，在金属材料中添加某些元素也能改善材料的性能，添加不同的元素会使合金材料具有不同的功能。譬如，铬元素能增强金属材料的耐磨性和抗氧化性，增强高温强度；钼元素能降低金属材料的脆性，增强高温强度，提高红热时的硬度和耐磨性等。

表 1-1　几种必需微量元素对人体的作用及推荐摄入量

元素	人体内含量	对人体的作用	推荐摄入量（14～18 岁）	摄入量过高、过低对人体健康的影响
铁	4～5g	是血红蛋白的成分，能帮助氧气的运输	20～25mg	缺铁会引起贫血
锌	2.5g	影响人体发育	15.5～19mg	缺锌会引起食欲不振、生长迟缓、发育不良
硒	14～21mg	有防癌、抗癌作用	50μg	缺硒可能引起表皮角质老化和癌症。如摄入量过高，会使人中毒
碘	25～50mg	是甲状腺激素的重要成分	150μg	缺碘会引起甲状腺肿大，幼儿缺碘会影响生长发育，造成思维迟钝。摄入过量也会引起甲状腺肿大
氟	2.6g	能防治龋齿	1.4mg	缺氟易产生龋齿，过量会引起氟斑牙和氟骨病

同样，核素与同位素也具有重要的功能价值。例如，可根据某元素各种核素所占的一定百分比（也称"丰度"）计算该元素的相对原子质量。另外，同位素在生活、生产与科学研究中也有重要作用。譬如，应用放射性同位素发出的射线，可以进行人体疾病诊断、肿瘤治疗、射线育种、金属探伤；考古时利用^{14}C测定一些文物的年代；

利用^{2}H 和^{3}H 制造氢弹等。

学习任务

● 请用概念图表示并说明"元素"与"核素""同位素""原子"的关系。

● 请与同伴小组讨论"元素"概念的学科认识功能。

● 初中与高中阶段可如何开展"元素观"的教学？

1.5 化合价

【化合价】（valence，valency）

"化合价"概念雏形始于 1852 年英国化学家弗兰克兰（Frankland）所提的"化合力"概念，并于 1857 年由德国化学家凯库勒（Kekule）与英国化学家库柏（Couper）进一步发展为"原子数"（atomicity）或"亲和力单位"（affinity unit），然后于 1864 年由创立原子价学说的德国化学家梅尔（Meyer）建议用"原子价"（valence）这一术语替代，该术语也从 1867 年开始受到欧洲各国的普遍认可与应用。我国早年的化学教材与文献中也沿用"valence"并将其译为"原子价"，但在 1991 年公布的《化学名词》以及现代教材中均修改为"化合价"。譬如，2012 年人教版化学九年级上册首先提出"我们如何知道不同元素以什么样的原子个数比相结合呢？一般情况下，通过元素的'化合价'可以认识其中的规律"（p.86），然后通过实例介绍常见元素以及原子团（或根）的化合价、化合价规律，再给出定义："元素的化合价是元素的原子在形成化合物时表现出来的一种性质"（p.87）。从学科本原的视角来看，化合价是由不同原子之间相化合（或相互结合）原子的数目来确定的，即其本质为形成化学键的数目。据此，可将其定义为：某元素的一个原子与一定数目的其他元素的原子结合的性质。

基于上述定义，化合价通常被当作整数来处理，并附以若干"规定"，如：单质中元素的化合价为 0；元素在离子化合物中的化合价叫电价，电价数为该元素的一个原子得失电子的数目，失去电子为正价，得到电子为负价；元素在共价化合物中的化合价叫共价，共价数就是该元素的一个原子与其他元素原子形成共用电子对的数目，所以共价数没有正负之分。然而，不少物质的结构尚未确定，难以确定其共价数，这暴露了该"规定"的不足；再者，上述这些人为"规定"似乎已与化合价原来的本原性定义相去甚远。

因此，1970 年国际纯粹与应用化学联合会（IUPAC）提出用"氧化数"（oxidation number）代替"化合价"概念，以更好地讨论（尤其是氧化还原反应中的）"价数"意义。氧化数也称氧化态（oxidation state），它是按一定的规则给元素指定一个数字，用于表征该元素在各物质中的表观电荷数（形式电荷数）。现在中学化学教材中不出现氧化数概念，根据成键的两原子吸引电子对的差别，把元素在共价化合物里的化合价分为正价与负价，实际上是元素的氧化数。

功能价值

对比化合价和氧化数的定义可知，二者的区别和应用价值如下。

（1）意义不同　化合价表示原子间的化合能力、化学键类型和成键数，是原子固有的属性，其数值为形成化学键时获得的有效电子数。氧化数是人为经验性概念，是按照一定规则和经验人为指定的一个数值，用于表征元素在化合物中的形式电荷数。

（2）所用的数字范围不同　化合价表示键数，因此只能是不为零的整数，例如 H_2O 中氢的化合价为 $+1$，NO 中氮的化合价为 $+2$。氧化数可以为零和分数，例如 H_2 和 N_2 中氢和氮的氧化数为 0，Fe_3O_4 中铁的氧化数为 $+8/3$。

（3）适用范围不同　氧化数可用于定义氧化剂、还原剂及氧化还原反应，配平氧化还原方程式，计算氧化还原当量；化合价的定义适用于原子间的相互作用研究、有机化合物研究、金属有机化合物研究、原子簇（硼、金属等）化合物研究、生物化学领域等。

另外，"化合价"概念在不同学段具有不同的学科认识功能。在初中教学中，可以让学生知道原子与原子之间结合是有一定配比的。在高中阶段，可引导学生从元素的视角认识化学反应，即根据化学反应前后各物质所含元素的化合价是否发生变化，来判断该反应是否为"氧化还原反应"；根据物质中元素的化合价高低，判断物质是否具有氧化性或还原性（见图1-3）；基于化合价（氧化数）的升降规律配平氧化还原反应方程式等。

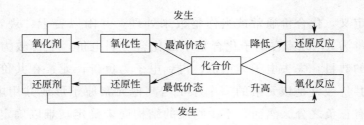

图1-3　化合价与氧化还原的关系

此外，教师在教学中需引导学生建立"化合价"与"化学键"两个概念之间的本原性联系。对于物质 AB 而言，A 原子以什么方式与 B 原子发生相互作用，本质上是化学键的问题；1个 A 原子与多少个 B 原子以这种方式发生相互作用，本质上是化合价的问题。这两个概念均表征元素原子的化学"亲和力"，化学键是对元素原子"亲和力"的定性表征，化合价是对元素原子"亲和力"的定量表征。综上，"化合价"概念具有发展定性与定量、宏观与微观相结合的学科认识功能。

学习任务

- 请用概念图表示并说明"化合价"与"化学键""元素""原子"之间的关系。

- 请与同伴小组讨论"化合价"概念的学科认识功能。

- 初中与高中阶段可如何开展"化合价"概念教学？

1.6　原子半径

本原内涵

【原子半径】（atomic radius）

2019 年鲁科版选择性必修 2《物质结构与性质》（p.20）中从分类学的角度对"原子半径"进行定义："人们便假定原子是一个球体，并采用统计的方法来测定原子半径"。共价半径由共价分子或共价晶体中原子的核间距计算得出；金属半径由金属晶体中原子之间的最短距离计算得出；范德华半径由分子晶体中共价分子之间的最短距离计算得出。

相比之下，章伟光主编的《无机化学》教材关于"原子半径"的定义会更加体现学科本原性："根据量子力学理论，电子在核外的运动没有固定的轨迹，仅有统计的概率密度分布，它没有一个明确的界限，因此一般把核到最外层电子的平均距离定义为原子半径。它是一个近似值。由于不同元素的原子有不同的成键方式和不同的存在形式，而且同一元素存在于不同物质中，形成不同的化学键，其原子半径也会不同，因此同一元素的原子半径可能有几种形式。通常原子半径分为三类，即金属半径、共价半径和范德华半径"（p.47～48）。

在原子中，原子核是原子中心的一个很小区域，其周围是电子云，但核外的电子云并非在离核某一特定距离就消失了，而是逐渐地向外蔓延，直至离核足够远而趋向于 0，却没有明确的边界。换句话说，原子的绝大部分空间都由电子"占据"着，即电子（的运动）决定了原子的体积大小。

建立原子半径的标度主要有三种思路。第一种思路是从宏观物理性质——固态单质的密度着手，换算成 1mol 原子的体积，然后除以阿伏加德罗常数，得到 1 个原子在固态单质中的平均占有体积，再假设原子是球体，假设所有"原子球"在固态中紧密接触且不留空隙，即可得到原子半径。第二种思路是将原子最外层原子轨道电荷密度（最大值所在球面为原子半径）用量子力学方法计算得到一套所谓"轨道半径"的理论原子半径。第三种思路则通过测定结构的实验方法进行计算——测定原子形成各种分子或固体后的核间距，对于同种原子，测得的核间距除以 2，即可得到该原子的半径；对于不同种原子（设为 AB），若已知其中一种元素（如 A）的原子半径，即可用核间距（即 A—B 键的键长）求出另一种元素（如 B）的原子半径（见图 1-4）。通常在工具书上查到的原子半径数值是基于这种思路获得的。

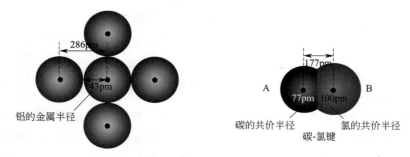

图 1-4　同种与不同种原子形成分子的原子半径示意图

根据测定方法的不同，原子半径主要分为共价半径、范德华半径与金属半径三种类型（如图 1-5 所示）。

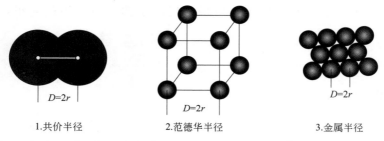

图 1-5　三类原子半径示意图

（1）共价半径　同种元素的两个原子以共价键结合时，它们核间距离（即共价键键长）的一半称为该元素原子的共价半径，其数值与几重键结合有关。例如碳原子的共价半径有三个数值，单键时为 77pm，双键时为 67pm，三键时为 60pm；砷原子的共价半径有两个数值，单键时为 121pm，双键时为 111pm。共价半径可用 X 射线衍射、电子衍射、中子衍射和微波光谱等方法测量并计算获得。

（2）范德华半径　分子晶体中两个相同元素种类的相邻原子，若以分子间作用力（范德华力）相互作用（而非以化学键相结合），则两个原子核间距的一半为范德华半径。例如，稀有气体在低温下形成的分子晶体中，原子间没有化学键而只有范德华力，故稀有气体的原子半径为范德华半径。另外，对于氯气所形成的分子晶体来说，氯原子具有两种半径，其共价半径为 99pm（单键时），范德华半径为 181pm。共价半径与范德华半径二者的比较如图 1-6 表示。范德华半径可结合范德华方程与范德华常数计算得到。

（3）金属半径　假设金属晶体可看作由等径球状的金属原子堆积而成，相邻两个原子彼此之间是紧密接触的，则相邻两个原子核间距的一半就是该原子的金属半径。可用 X 射线衍射法测得金属晶体的晶胞参数再通过计算获得。

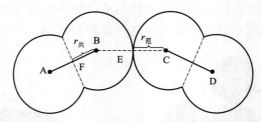

图 1-6 共价半径与范德华半径比较

由于原子半径也被近似看作是最外层电子到原子核的平均距离，因此原子半径会受到原子核与核外电子的影响。譬如，2019 年人教版选择性必修 2《物质结构与性质》（p.22）中指出："原子半径的大小取决于两个相反的因素：一个因素是电子的能层数，另一个因素是核电荷数。显然，电子的能层越多，电子之间的排斥作用将使原子的半径增大；而核电荷数越大，核对电子的吸引作用也就越大，将使原子的半径减小。"除此之外，还需要考虑内层电子对最外层电子的屏蔽作用这一因素——屏蔽作用越大，有效核电荷数越小，原子核对最外层电子的吸引作用就越小，则原子半径越大。

功能价值

《普通高中化学课程标准》（2017 年版 2020 年修订）要求学生认识元素的原子半径的周期性变化规律及其原因，梳理如下。

（1）对于同一主族的元素，从上到下，电子能层数增加，使电子间的排斥作用增强而引起原子半径增大的趋势，大于核电荷数的增加使核对电子的吸引作用增强而引起原子半径减小的趋势。

（2）对于同一周期的主族元素，从左到右，电子能层数并未增加，有效核电荷数增加使核对电子的吸引增强而引起原子半径减小的趋势，大于最外层电子数的增加使电子间的排斥增强而引起原子半径增大的趋势。对于同一周期的过渡元素，从左到右，由于有效核电荷数增加不多，原子半径减小不如主族元素那么显著。但当次外层的 d 轨道全部充满形成 18 电子构型时，原子半径突然增大，这是由于 $(n-1)$ d 轨道全部充满后对外层电子屏蔽作用较大，从而使原子核对电子吸引减弱而导致的。对于镧系元素，随原子序数的递增，有效核电荷数略有增加，使镧系元素原子半径略有减小。整个镧系元素随原子序数递增而原子半径缓慢减小的现象常被称为镧系收缩。

综上不难发现，"原子半径"概念可渗透主要矛盾与次要矛盾关系的辩证思想，尤其是微粒作用观与变化观两种学科基本观念。

🖋 学习任务

- 请用概念图表示并说明"原子半径""电子""原子"概念之间的关系。

- 请与同伴小组讨论三种原子半径的异同点。

- 高中阶段可如何引导学生认识原子半径及其周期性变化?

1.7　电离能

本原内涵

【电离能】（ionization energy）

2019 年人教版选择性必修 2《物质结构与性质》中"电离能"的定义为："气态电中性基态原子失去一个电子转化为气态基态正离子所需要的最低能量叫做第一电离能"（p.23）。上述表述中的"气态""基态""电中性""失去一个电子"等都是保证"最低能量"的条件。另外，2019 年苏教版选择性必修 2《物质结构与性质》则直接使用"第一电离能"概念，并将其定义为："某元素的气态原子失去一个电子形成＋1价气态阳离子所需要的最低能量，叫做该元素的第一电离能（first ionization energy），用符号 I_1 表示"（p.20）；同时还给出第二电离能与第三电离能的定义（p.21）。虽在表述上稍有不同，但两版教材均强调原子结构"能量最低"这一本原思想。

功能价值

"电离能"概念可用于渗透元素观与微粒观（结构观）等学科观念。电离能数值的大小主要取决于原子的核电荷数、原子半径及原子的电子构型。具有全充满、半充满及全空的电子构型的元素原子稳定性较高，其电离能数值也较大，如稀有气体的电离能在同周期元素中最大，N 为半充满状态，Mg 为全充满状态，其电离能均比同周期相邻元素大。一般情况下，第一电离能数值：ⅡA 族＞ⅢA 族，ⅤA 族＞ⅥA 族。

另外，该概念具有以下应用价值。

（1）判断金属原子在气态基态时失去电子的难易程度　通常情况下，电离能越小，表示在气态基态时该原子越容易失去电子；反之，电离能越大，表示在气态基态时该原子越难失去电子。此外，一般情况下，同一元素的原子电离能逐级增大，这是因为离子的电荷正值越来越大，离子半径越来越小，故越难失去电子，相应所需要的能量就越高。

（2）判断元素的金属性强弱　元素的金属性是指在化学反应中元素的原子失去电

子的能力，元素的原子失电子的能力越强，元素的金属性越强。对于同主族元素，从上到下，第一电离能越来越小，元素的金属性越来越强；对于同周期元素，从左到右，第一电离能一般越来越大，金属性减弱，但需注意个别"反常"现象（如 Mg）。

（3）确定元素原子的核外电子的能层排布　由于电子是分层排布的，内层电子比外层电子更难失去，因此元素的电离能会发生突变。

（4）确定元素的化合价　若电离能 I_n 与 I_{n+1} 之间发生突变，说明再失去一个电子的难度增加很多，由此可判断最外层的电子数，进而判断其可能化合价，并由此推断其阳离子所带的正电荷，即该元素原子易形成 $+n$ 价离子，并且主族元素的最高化合价为 $+n$（或只有 $+n$、0）。某元素的逐级电离能，若 $I_2 \gg I_1$，则该元素通常显 $+1$ 价；同理，若 $I_3 \gg I_2$，则该元素通常显 $+2$ 价；依此类推。

📖 学习任务

● 请用概念图表示并说明"电离能"与"元素""原子""化合价"的关系。

● 请与同伴小组讨论"电离能"概念的学科认识功能。

● 高中阶段应如何有效开展"电离能"概念教学？

1.8 电负性

【电负性】（electronegativity）

2019 年人教版选择性必修 2《物质结构与性质》中"电负性"的定义为："电负性的概念是由美国化学家鲍林提出的，用来描述不同元素的原子对键合电子吸引力的大小"（p.24）。电负性越大的原子，对键合电子的吸引力越大。2019 年鲁科版与苏教版选择性必修 2 教材均将"电负性"定义为衡量元素的原子在化合物中吸引电子能力大小的标度。元素的电负性越大，表示其原子在化合物中吸引电子的能力越强。类似地，北京大学周公度等编写的《结构化学基础》（第四版）中的"电负性"定义为："用以量度原子对成键电子吸引能力的相对大小。元素的电负性越大，表示其吸引电子的能力越强。（p.54）"

化学家鲍林用热力学方法首次建立了电负性的定量标度（鲍林标度）。鲍林电负性是建立在键能实验数据的基础上导出的。他假定 A—B 化合物分子的纯共价键能是 A—A 键能和 B—B 键能的几何平均值：$E_{A-B} = \sqrt{E_{A-A} \times E_{B-B}}$，实际 A—B 键的键能 $E_{A-B(实)}$ 与上式中 E_{A-B} 的差 Δ 为：$\Delta = E_{A-B(实)} - E_{A-B}$。

设 χ_A 和 χ_B 分别代表 A 和 B 原子的电负性，鲍林提出了下列关系式以表示电负性差值和 Δ 的关系：$\chi_A - \chi_B = 0.089\sqrt{\Delta}$，鲍林以氟的电负性为 4.0 和锂的电负性 1.0 作为电负性的相对标准值，并依据键能实验值通过计算得到其他元素原子的电负性数据。

除了鲍林外，其他化学家也相继提出其他电负性标度。例如，1934 年 R. S. Mulliken 根据原子光谱数据，将电负性定义为元素电离能与电子亲和能的平均值，该电负性标度物理意义明确，但因电子亲和能数据不完全，故其应用受到限制。1956 年，A. L. Allred 与 E. G. Rochow 根据原子核对电子的静电吸引力，在鲍林电负性基础上计算出一套电负性数据，提出以原子有效核电荷数与原子共价半径为基础的电负性计算公式，该公式中引入的两个常数可使计算值与鲍林标度吻合。此外，1989 年 L. C. Allen 根据光谱实验数据，以基态自由原子价层电子的平均单位电子能量以及轨道上的电子数为基础也提出主族元素的电负性计算公式。虽电负性标度有多种，数据各有不同，但在元素周期表中电负性变化规律是一致的。

功能价值

"电负性"概念可用于渗透元素观、结构观与变化观等学科观念或思想。电负性的强弱是由原子的半径、原子核电荷数等决定的，有力体现了"结构决定性质"的学科思想；电负性属于元素的性质，随原子核外电子排布呈现出周期性变化的规律，元素周期表是这一规律的具体体现形式，体现了元素观、变化观等化学基本观念。

另外，"电负性"概念还可用于培养学生的"证据推理与模型认知"学科核心素养。例如，教师可在教学中强调电负性数据的应用价值。

（1）判断元素的金属性与非金属性类别　通过以电负性值 2.0 为标准，电负性值大于 2.0 一般为非金属元素，大于 2.5 者为活泼非金属元素，小于 2.0 者一般为金属元素，小于 1.5 者为活泼金属元素。现行 2019 年高中化学教材一般建议以 1.8 作为判断金属元素（<1.8）、类金属元素（1.8 左右）与非金属元素（>1.8）的依据。需要注意的是，无论是 2.0 还是 1.8 均不能作为划分金属与非金属元素的"绝对"标准，教师需要在教学中说明该标准的相对性。另外，金属元素的电负性不一定都小于非金属元素的电负性。如 Au 的电负性为 2.4，P 的电负性为 2.1。

（2）解释或预测金属性与非金属性变化规律　元素周期表中，元素的电负性呈周期性变化。对于同一周期，从左到右元素的电负性随原子序数的增加逐渐增大。这是因为同周期从左到右核电荷增加，原子半径减小，两者共同作用导致核对电子的吸引力增强，电负性递增。相应地，元素的非金属性增强（即元素的原子在化学反应中得到电子的能力增强）。对于同主族元素，从上到下元素的电负性是递减的，故元素的金属性增强（即元素的原子在化学反应中失去电子的能力增强），这是因为同主族从上到下虽然核电荷增大，但原子半径的增大更显著，导致核对电子的吸引力减弱，即电负性减弱。然而，对于过渡金属元素，同族第六周期元素的电负性常大于第五周期。这是因为二者原子半径非常相近，而第六周期元素的核电荷数要比第五周期大。

（3）判断化学键的键型　通常当两个原子的电负性值非常接近时，则倾向于形成共价键，一般将电负性差值小于 1.7 的两元素原子形成的键视为共价键，将电负性差值大于 1.7 的两元素原子形成的键看作是离子键。这是由于当电负性差值约为 1.7 时，该键具有 50% 的离子性，因此差值越大，键的离子性越强。同样，1.7 这一标准也并非绝对，如 Na、H、F 三种元素的电负性值分别为 0.9、2.1 和 4.0，Na 与 H 的电负性差值为 1.2，但 NaH 中存在离子键；H 与 F 的电负性差值为 1.9，但 HF 中存在共价键。

（4）判断反应难易程度以及所形成化合物的稳定性　基于上述鲍林的电负性标度体系可知，元素的电负性与键能以及反应热之间存在本原性联系，具体表现为成键原子的电负性差值越大，键能越大，反应的热效应越大，则反应越容易进行，形成的化合物就越稳定。例如，氟、氯与氢元素的电负性差值分别为 1.9、0.9，H—F 和 H—Cl 键的键能分别为 $565kJ/mol$ 与 $432kJ/mol$，ΔH 分别为 $-269kJ/mol$ 与 $-92.3kJ/mol$。这也支持相应的化学事实，如单质氟与氢气反应较氯气更容易进行，所形成的 HF 比 HCl 更稳定。

中学化学中"电负性"一般位于《物质结构与性质》教材中"电离能"概念之后，是对电离能的一个补充。电负性概念的引入为后面元素周期律中金属性/非金属性的递变规律、化合物的极性判断、晶体类型的判断提供了预测和解释的理论基础，以及对后续将要学习的选择性必修3《有机化学基础》中有机物反应断键部位电荷分布的判断和活性部位的预测起着重要作用，是深入理解有机化学反应机理的核心概念，具体关系如图1-7所示。

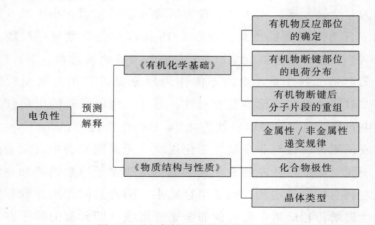

图 1-7　"电负性"学科功能关系图

"电负性"的实际应用主要体现在认识、预测和解释有机化合物的性质。譬如，甲醛具有毒性，进入人体后，能与蛋白质发生反应，使蛋白质失去活性。另外，甲醛作为防腐剂也是运用类似的原理。通过"电负性"可以解释为什么甲醛可以与蛋白质发生化学反应：甲醛碳氧双键中 O 的电负性较大，吸引电子的能力较强，因而 O 周围带有较多的负电荷，相对来说，C 则带有较多的正电荷；蛋白质氨基中的 N—H 键电荷分布也不均衡，N 的电负性比 H 要大，吸电子的能力较强，因而 N 周围带有较多的负电荷，相对来说，H 则带有较多的正电荷；根据"阴阳相吸"的规律，甲醛碳氧双键中的 C 容易与蛋白质氨基中的 N 结合，碳氧双键发生断裂，蛋白质氨基中 N—H 键也发生断裂，O 与 H 结合，发生亲核加成反应。通过这样在具体真实情境进行知识运用，发展学生的化学价值观，引导学生辩证地看待化学物质对社会生活的作用。

学习任务

● 请用概念图表示并说明"电负性"与"电离能""元素""原子"的关系。

● 请与同伴小组讨论"电负性"概念的学科认识功能。

● 高中阶段应如何有效开展"电负性"概念教学？

1.9 纯净物、混合物

本原内涵

【纯净物】（element & compound）、【混合物】（mixture）

2012 版人教版化学九年级上册（p.27）对"纯净物"与"混合物"的定义均是以举例的方式来描述的：

"氮气、氧气、二氧化碳等分别只由一种物质组成，它们都是纯净物。纯净物可以用化学符号来表示，如氮气可以用 N_2 来表示，氧气、二氧化碳可分别表示为 O_2、CO_2 等"。

"像空气这样由两种或两种以上的物质混合而成的物质叫做混合物，组成混合物的各种物质保持着它们各自的性质"。

基于学科本原的视角，可从以下几个方面理解与辨析这两个概念。

（1）纯净物有固定组成，混合物没有固定组成　组成纯净物的物质只能是一种物质，组成混合物的物质可以是两种也可以是多种，物质种类不固定；混合物中每种物质的质量分数可多可少也无固定数值，纯净物中某种元素的质量分数却一定是定值；纯净物一定有固定不变的化学式，而混合物一定没有固定不变的化学式。那么聚合物是纯净物吗？譬如，虽然聚乙烯有一样的分子式 $(C_2H_4)_n$，看似有固定组成，但是其分子链所含的链节数并不相同，所以聚乙烯实质上是由许多链节结构相同而聚合度不同的化合物所组成的混合物，其相对分子质量与聚合度都是平均值。因此，聚合物并不是纯净物，而是混合物。

（2）纯净物有固定结构，混合物没有固定结构　结构一般指构成物质的微粒间的结合方式、排列顺序和空间构型等。同种物质，结构相同；不同种物质，结构不同。纯净物只由一种物质组成，因此纯净物有固定结构；混合物由于组成物质的成分不固定，结构也就不固定。氯化钠晶体为纯净物，其晶体结构为较大的氯离子排成立方最密堆积，较小的钠离子则填充在氯离子之间的八面体空隙中，从而形成固定结构。氯化钠溶液为混合物，在水分子的作用下，原本固定结构的氯化钠晶体形成自由移动的水合钠离子和水合氯离子，"散乱"地分布在溶液中，并没有固定结构。

（3）纯净物有固定性质，混合物没有固定性质　物质的性质取决于物质的组成和结构。由于混合物本身就没有固定的组成和结构，因而它的性质将随着组成和结构的变化而变化。所以混合物一般来说没有固定的性质，而纯净物因为组成和结构固定，其性质也就固定。因此，纯净物有固定的熔沸点，可以通过测定熔沸点判断一种物质是纯净物还是混合物。譬如，在合成阿司匹林的实验中，最后为了定性测定产物的纯度，可以通过测熔点的方法检验合成出来的阿司匹林的纯度（阿司匹林的熔点为 $136\sim140℃$）。

（4）纯净物是相对的，混合物是绝对的　绝对纯净的物质是不存在的，纯净物一般是指含杂质很少的具有一定纯度的物质。通常所说的纯净物含少量杂质，其杂质含量限度以对生产和科研不产生有害影响为标准，也就是说纯净物是相对的。而混合物是存在的，是绝对的。

值得一提的是，氕 H、氘 D、氚 T 各为一种核素，是氢的同位素，那么 H、D、T 分别与 O 形成的水 H_2O、重水 D_2O、超重水 T_2O 等组分混合在一起是纯净物还是混合物呢？在化学上更关注物质的元素组成，而基本不考虑元素中同位素种类的不同，两者是不需要加以区分的。实际上，氢元素的相对原子质量是根据 H、D、T 在自然界的相对丰度计算出来的：99.98％的 H 与 0.02％的 D 及极少量的 T 的相对原子质量的平均值。也就是说，在讨论"水"时，就已经承认了其中有部分的 HDO、D_2O、T_2O 等存在。因此，超重水、重水与水属于同一种"化学物质"，即使混合在一起也是纯净物。

大学物理化学引入了"相"的概念：系统中宏观上看来化学组成、物理性质和化学性质完全均匀的部分，称为一个"相"。通常情况下，任何气体都能无限混合，因此系统中无论有多少种气体都只有一个相。对于液体来说，按其互溶的程度可分为单相、双相或三相共存。对于固体来说，一般一种固体就有一个相。一个相不一定是纯净物，也不一定是混合物，但是一个相中物质的组成、物理性质、化学性质都是均匀的。譬如，NaCl 固体就是一个相，无论它粉碎到多么细的颗粒，它都是一个相，并且它是纯净物；而像空气、NaCl 溶液，因为其系统中物质的组成、物理性质、化学性质都是均匀的，所以属于一个相，但却是混合物。

功能价值

"纯净物"与"混合物"概念蕴含了初步的分类思想，化学物质纷繁多杂，通过不同标准的分类，将化学物质分成不同的类别进行研究，并且可以解释和预测物质的性质，设计物质间的转化途径。抓住同类物质的共性，重点关注同类物质中个别物质的特性。在此，纯净物和混合物主要从是否只由一种物质组成对物质进行分类。诚然，对化学物质还可以从元素组成、微粒间作用等角度进行分类。

"纯净物与混合物"位于"空气"的课题中，该课题虽然只是介绍了气体物质组成的纯净物和混合物，但是为后面液体物质、固体物质的分类打下了基础。后续随着学习的化学物质增多，纯净物可进一步划分为单质（element）和化合物（compound）。单质按照其性质划分为金属单质和非金属单质，化合物则进一步划分为酸、碱、盐和氧化物等。2019年人教版高中必修第一册第一章第一节中进一步学习了物质的分类（见图1-8），拓宽了"纯净物与混合物"的下级分类，并在分类视角和分类方法进行延伸，逐步渗透分类观。然而，到了大学阶段在无机化学或者物理化学中引入了"相"的概念，从整个体系的角度认识"纯净物与混合物"。中学到大学的认识视角逐渐地从局部发展到整体。

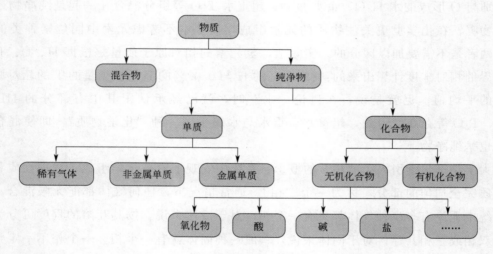

图1-8　纯净物与混合物分类图

"纯净物与混合物"在日常生活中经常接触到。现实生活中有时候需要制备混合物，像饮料、药片，我们需要向其中添加一些甜味剂、填充剂等材料调整口味或者维持药物的稳定性等。然而，有时候需要从混合物中分离出纯净物。譬如，矿物工业生产中的原料一般均为混合物，并含有其他不符合生产目的的杂质，而生产的目的是要得到纯净的产物，就必须经历除杂、分离、提纯等工序。在这些工序中利用了"性质思维"，根据物质的类别设计符合生产目的的转化途径。

学习任务

● 请用概念图表示并说明"纯净物""混合物"与"元素""分子"的关系。

● 请与同伴小组讨论"纯净物"与"混合物"概念的学科认识功能。

● 中学阶段学生在学习"纯净物"与"混合物"概念时可能存在哪些方面的学习困难或迷思概念？应如何引导学生认识纯净物与混合物？

1.10 合 金

本原内涵

【合金】（alloy）

2012 年人教版化学九年级下册对"合金"是这样描述的："如果在金属中加热熔合某些金属或非金属，就可以制得具有金属特征的合金。例如，生铁和钢就是含碳量不同的两种铁合金"（p.4）。另外，教材中还指出：合金的性能与纯金属相比，会发生改变，合金的强度和硬度一般比组成它们的纯金属高，抗腐蚀性能等也更好，因此，合金具有更广泛的用途。2004 年人教版高中化学选修 1《化学与生活》中将"合金"定义为："合金是由两种或两种以上的金属（或金属与非金属）熔合而成的具有金属特性的物质"。另外，教材中还指出：合金与各成分金属相比，具有优良的物理、化学或机械的性能。合金的性能可以通过所添加的合金元素的种类、含量和生成合金的种类等来加以调节（p.48）。

北京大学周公度等编写的《结构化学基础》中将"合金"定义为："合金是两种或两种以上的金属经熔合后所得的生成物"（p.298）。从金属单质到合金的变化，一般不像化学反应那么显著。按照合金的结构和相图，合金一般可分为三类：①金属固溶体；②金属化合物；③金属间隙化合物（固溶体）。当两种金属元素的电负性、化学性质和原子大小比较接近时，容易形成金属固溶体，如 Ag-Au、Ni-Pd。电负性和原子半径相差越大，生成金属化合物的倾向就越大，如 $CaCu_5$、$MgCu_2$。过渡金属元素与原子半径很小的 H、B、C、N 等非金属元素形成的化合物，小的非金属原子填入金属原子堆积的空隙中，形成金属间隙化合物（固溶体），如 AlN、TiN。从大学教材对合金的分类中可以发现合金不一定都是混合物或者纯净物，其中金属固溶体合金（如 Ag-Au 合金）属于混合物，而金属化合物合金（如 $MgCu_2$ 合金）是纯净物。因此，不能简单地说合金一定是混合物或纯净物，应该具体看该种合金的基本结构属于哪种类型。

功能价值

"合金"概念主要体现微粒观（结构观）与化学价值观等学科基本观念以及矛盾的普遍性与特殊性思想。因为所加入的其他元素的种类和数量不同而表现出不同的合金性能，其本质原因是结构发生了变化。譬如，一些合金的硬度更大，因为在纯金属内原子的形状和大小都是一样的，形成规整的层状排列，而合金内加入其他元素的原子后，改变了原来规整的层状排列，使得原子层之间难以滑动，硬度增大，这其中蕴含着"结构决定性质"的学科思想。合金中既保留了组成元素的原子的化学性质，又表现出与组成元素的原子不同的物理性质，体现了共性和个性的辩证统一。此外，"合金"教学可以渗透化学价值观，化学是一门中心的、实用的和创造性的科学，是推动现代社会文明和科技进步的重要力量；合金在材料科学、生命科学、环境科学和能源科学等领域起着关键作用。

"合金"的概念首次出现在初中化学"金属和金属材料"主题单元，初中阶段主要是从宏观上，通过实验证据和理论证据（数据）了解合金的硬度、熔点等物理性质，并知道了合金具有其组成元素的原子的化学性质。高中阶段的认识视角则是从宏观跃升到微观层面，通过原子种类和原子半径解释了初中所学的合金与纯金属物理性质存在差异的原因。

大学阶段则结合多门化学的分支学科（物理化学、结构化学等），从相平衡和晶体结构两个方面深入探讨形成合金的过程以及多种不同类型合金的结构及其分类标准，认识视角已经从微粒跃升到微粒间的相互作用（图1-9）。

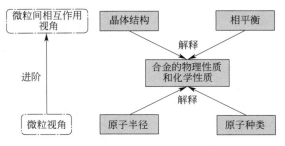

图1-9 "合金"学科功能关系图

合金在工业生产和医学等领域发挥着重要作用。譬如，医用钛合金材料已成为骨科、齿科和心血管等植介入物或器械用主要原材料。高孔隙率的多孔 Ti 材料因具有类似于人体松质骨的结构，有望在骨科修复器械领域获得大量应用。但多孔钛合金材料要满足其长期临床应用的要求，其强度、塑韧性和疲劳等力学性能也有待改进和提高。目前关于医用钛合金的3D打印产品主要集中于纯 Ti 和 Ti_6Al_4V 合金，并已实现标准形状的精密成型，即三维结构多为简单的立方、六方等孔型结构的有序叠加。

📖 学习任务 ━━━━━━━

● 请用概念图表示并说明"合金"与"纯净物""混合物"概念之间的关系。

● 请与同伴小组讨论"合金"概念的学科认识功能。

● 初、高中阶段应如何有效开展"合金"概念教学？

1.11 分散系

本原内涵

【分散系】（dispersion system）

2019 年人教版高中化学必修第一册（p.8）中将"分散系"定义为："化学上把一种（或多种）物质以粒子形式分散到另一种（或多种）物质中所形成的混合物，叫做分散系。分散系中被分散成粒子的物质叫做分散质，另一种物质叫做分散剂。例如，对溶液来说，溶质是分散质，溶剂是分散剂，溶液是一种分散系。乳浊液和悬浊液也各是一种分散系，其中被分散成小液滴或固体小颗粒的物质是分散质，液体是分散剂。我们可以根据分散质粒子的直径大小对分散系进行分类。分散质粒子直径小于 1nm 的分散系是溶液，大于 100nm 的分散系是乳浊液或悬浊液，而分散质粒子直径为 1～100nm 的分散系是胶体。胶体的种类很多，按照分散剂的不同，可分为液溶胶、气溶胶和固溶胶。"

2019 年鲁科版高中化学必修第一册（p.46）中对"分散系"的描述如下："溶液、悬浊液、乳浊液都是由一种（或几种）物质（分散质）分散到另一种物质（分散剂）中形成的分散系。溶液中的分散质微粒是直径小于 1nm（10^{-9} m）的分子或离子，使溶液这种分散系表现出透明、均一、稳定的宏观特征；而悬浊液、乳浊液中的分散质微粒是分子的集合体或离子的集合体（分别呈固态或液态），其微粒直径大于 100nm，使悬浊液或乳浊液这种分散系表现出浑浊、不稳定等宏观特征。还有一种分散系，其分散质的微粒直径介于 1～100nm，这种分散系称为胶体。"

南京大学化学教材《物理化学》下册（p.404）中将分散系定义为："把一种或几种物质分散在另一种物质中就构成了分散系统。在分散系统中被分散的物质叫分散相，另一种物质叫分散介质"。按照分散相粒子的大小，把分散系统分为分子（或离子）分散系统（微粒直径小于 1nm）、胶体分散系统（微粒直径介于 1～100nm）和粗分散系统（微粒直径大于 100nm），见表 1-2。胶体分散系统也可以按分散相和分散介质的聚集状态来分类，可分为液溶胶、气溶胶和固溶胶，具体分类及实例见表 1-3。

表 1-2 按照分散相粒子的大小分类

分散相的半径	分散系统类型	特性
<1nm	分子(离子)溶液、混合气体	粒子能通过滤纸,扩散快,能渗析,在普通显微镜和超显微镜下都看不见
1~100nm	胶体	粒子能通过滤纸,扩散极慢,在普通显微镜下看不见,在超显微镜下能看见
>100nm	粗分散系统,如乳浊液、悬浊液等	粒子不能通过滤纸,不扩散,不渗析,在普通显微镜下能看见,目测是浑浊的

表 1-3 按照分散相和分散介质的聚集状态分类

分散相	分散介质	名称	实例
气			泡沫(如灭火泡沫)
液	液	液溶胶	牛奶
固			悬浮液,溶胶(如油漆)
气			浮石
液	固	固溶胶	珍珠
固			某些合金,有色玻璃
气			—
液	气	气溶胶	雾
固			烟,尘

功能价值

通过对比分析中学教材跟大学教材对"分散系"概念内涵的界定可知,均通过分散系引入了一个混合物的新分类标准,根据分散质的粒径分为了溶液、胶体和悬浊液(或乳浊液),建立了新的物质分类视角,继续发展学生的分类观。初中化学就出现过溶液、悬浊液、乳浊液的概念,到了高中阶段正式引入了分散系的概念,统整了溶液、悬浊液、乳浊液、胶体的分类,从物质的组成和性质进行分类的宏观分类视角拓宽到了从微粒的直径进行分类的微观分类视角(如图 1-10 所示)。

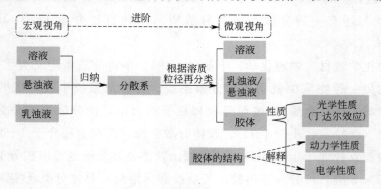

图 1-10 分散系概念关系图

学习任务

- 请用概念图表示并说明"分散系"与"混合物""胶体""微粒"的关系。

- 请与同伴小组讨论"分散系"概念的学科认识功能。

- 初、高中阶段应如何有效开展"分散系"概念教学?

第2章
"物质结构"类核心概念

- 原子轨道、杂化轨道
- 化学键
- 范德华力、氢键
- 键参数
- 晶体
- 聚集状态
- 同分异构

2.1 原子轨道、杂化轨道

本原内涵

【原子轨道】（atomic orbital）

2019 年人教版选择性必修 2《物质结构与性质》中先是介绍了电子云的概念，然后将"原子轨道"定义为："量子力学把电子在原子核外的空间运动状态称为一个原子轨道"（p.13）。2019 年鲁科版选择性必修 2 教科书中先是介绍了原子光谱并揭示了核外电子的运动状态，用"原子轨道"描述原子中单个电子的空间运动状态（p.12）。用量子数 n 所描述的电子运动状态称为电子层，n 取值为正整数 1，2，3，4，5，6，…，对应符号为 K，L，M，N，O，P 等。电子层为 n 的状态含有 n^2 个原子轨道，当 $n=1$ 时，有 1 个能级，记为 1s；也只有 1 个原子轨道，记为 1s。当 $n=2$ 时，有两个能级，2s 和 2p；有 4 个原子轨道，1s、$2p_x$、$2p_y$、$2p_z$。表 2-1 总结了 n 值所对应的能级和原子轨道。原子轨道在量子力学中用波函数表示，因此可将原子轨道以图形的方式在直角坐标系中表示出来（见图 2-1）。

表 2-1 n 值所对应的能级和原子轨道

电子层或量子数 n	符号	能级	原子轨道
$n=1$	K	1s	1s
$n=2$	L	2s	2s
		2p	$2p_x$、$2p_y$、$2p_z$
$n=3$	M	3s	3s
		3p	$3p_x$、$3p_y$、$3p_z$
		3d	3d(包含 5 个原子轨道)
$n=4$	N	4s	4s
		4p	$4p_x$、$4p_y$、$4p_z$
		4d	4d(包含 5 个原子轨道)
		4f	4f(包含 7 个原子轨道)
…	…	…	…

大学教材《无机化学》通过科学家从光子到电子再到其他微粒波粒二象性的认识，海森堡测不准原理引出了核外电子的运动情况应该用"概率分布"来描述。接着引入了"电子云"的概念：电子在原子核外空间概率密度分布的形象描述。电子云图

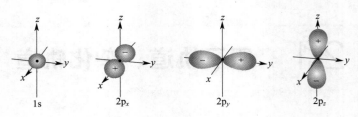

图 2-1　1s 和 2p 原子轨道图

像中每一个小黑点表示电子出现在核外空间中的一次概率，概率密度越大，电子云图像中的小黑点越密。用"能层"来概括电子云的扩展程度，能量由低到高分别称为：K、L、M、N、O、P…。不同能层的电子云有不同的形状，第一能层的电子云有 1 种形状，1s 球形；第二能层的电子云有 2 种形状，2s 球形和 2p 纺锤形；…。用"能级"表示处于一定能层又具有一定形状电子云的电子，如 1s 能级、3d 能级等。另外，电子云在空间上还有一定的取向，由于 s 电子的电子云为球形，是对称的，1s、2s、3s 电子等都只有一种空间取向；p 电子有 3 种取向，p_x、p_y、p_z，它们相互垂直；d 电子和 f 电子分别有 5 种（见图 2-2）和 7 种取向。

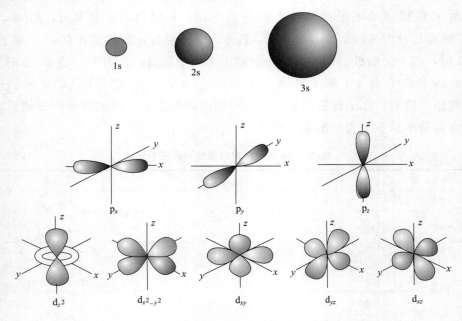

图 2-2　s、p、d 电子的电子云图像

据测不准原理可知，一般意义上的电子运动轨道是不存在的，"原子轨道"只是人们在描述电子运动状态所"借用"的一个名词。实际上，化学家主要通过建立电子运动状态的薛定谔方程，并由此求解一系列波函数 $\Psi(x, y, z)$，每一个 $\Psi(x, y, z)$代表了电子在原子中的一种运动状态，且每个 Ψ 均由 3 个对应的量子数 n、l、m 所规定。其中，主量子数 n 表示电子运动区域离核的远近和电子能量的高低；角量子数 l 决

定电子角动量大小,规定电子运动主要区域在空间的角度分布;磁量子数 m 规定了电子云在空间的不同取向。所以波函数可写成 $\Psi_{n,l,m}(x,y,z)$,代入量子数的具体数值可得具体波函数(如 Ψ_{1s}、Ψ_{2py})。可能由于"行星模型"等缘故,人们习惯上将它们称为原子轨道,如 1s 轨道、$2p_y$ 轨道。

如果用球坐标来描述波函数,那么 $\Psi_{n,l,m}(x,y,z)$ 可表示成 $\Psi_{n,l,m}(r,\theta,\varphi)=R_{n,l}(r)Y_{l,m}(\theta,\varphi)$,其中 $R(r)$ 为径向分布函数,$Y(\theta,\varphi)$ 为角度分布函数。研究发现,$\Psi_{n,l,m}(r,\theta,\varphi)$ 的平方可以表示电子在空间某点出现的概率密度,其图像就是"电子云"(即电子在核外空间概率密度较大的区域),这使波函数引申出具体的物理意义。由于在讨论化学键形成时,角度分布函数图像更为重要,加上波函数概念相对抽象难懂,因此现行高中化学教材中一般用电子云或电子云轮廓图表示原子轨道。

【杂化轨道】(hybrid orbital)

2019 年人教版选择性必修 2《物质结构与性质》中主要介绍杂化轨道理论并举例阐述"杂化轨道"的含义(p.47):"杂化轨道理论是一种价键理论,是鲍林为了解释分子的空间结构提出的。"以甲烷为例,当碳原子与 4 个氢原子形成甲烷分子时,碳原子的 2s 轨道和 3 个 2p 轨道会发生混杂,混杂时保持轨道总数不变,却得到 4 个新的能量相同、方向不同的轨道,各指向正四面体的 4 个顶角,夹角 $109°28'$,称为 sp^3 杂化轨道,表示这 4 个轨道是由 1 个 s 轨道和 3 个 p 轨道杂化形成的。杂化轨道用于形成 σ 键或用来容纳未参与成键的孤电子对。

2019 年苏教版教材也采用类似的做法介绍该概念(p.94):"为了解释 CH_4 等分子的空间结构,美国化学家鲍林于 1931 年提出了杂化轨道理论。运用该理论,可以较好地解释 CH_4 分子结构。在形成 CH_4 分子的过程中,碳原子 2s 轨道上的 1 个电子进入 2p 空轨道。这样,1 个 2s 轨道和 3 个 2p 轨道'混杂',形成能量相等、成分相同的 4 个 sp^3 杂化轨道。"

2019 年鲁科版选择性必修 2《物质结构与性质》(p.44)则直接给出定义:"美国化学家鲍林提出的杂化轨道理论很好地解释了甲烷分子的空间结构。他认为,在甲烷分子的形成过程中,碳原子中原来能量相近的 2s 轨道与三个 2p 轨道将重新组合形成新的、能量相同的原子轨道。这种在外界条件影响下,原子内部能量相近的原子轨道重新组合形成新的原子轨道的过程叫作原子轨道的杂化,组合后形成的一组新的原子轨道叫作杂化原子轨道,简称杂化轨道(hybrid orbital)。"

与上述高中化学教材相比,大学《无机化学》教材的定义则更强调该概念的学科本原问题,如提及化学键的形成以及原子之间的相互影响等:"鲍林假设,甲烷的中心碳原子在形成化学键时,价电子层的 4 条原子轨道并不维持原来的状态,而是发生'杂化',得到 4 条等同的轨道,再与氢原子的 1s 轨道成键。所谓杂化就是指在形成分子时,由于原子的相互影响,中心原子的若干能量相近的原子轨道重新组合成一组新的原子轨道。这种轨道重新组合的过程叫做杂化，所形成的新轨道称为杂化轨道。"
（p.96）

整体而言，在理解"杂化轨道"概念时需注意以下几个本原性方面内容：

（1）原子轨道的杂化只有在形成化学键或分子的"过程"中才会发生，孤立的原子是不会发生杂化的。

（2）原子形成分子时，通常存在激发、杂化和轨道重叠等过程；发生杂化的一定是中心原子。

（3）只有能量相近的轨道才能杂化（如 ns、np）；杂化轨道数与参与杂化的原子轨道数相同，但能量不同。

（4）杂化轨道为使相互间的排斥力最小，在空间取最大夹角分布，不同的杂化轨道伸展方向不同；同一组杂化轨道的伸展方向不同，但形状完全相同。

（5）杂化改变了原有轨道的形状与伸展方向，使原子形成的共价键更牢固。

（6）杂化轨道只用于形成 σ 键或者用于容纳未参与成键的孤电子对，未参与杂化的 p 轨道可用于形成 π 键。

功能价值

通过对比中学教材和大学教材对"原子轨道"的内涵界定可以发现，它们均认为原子轨道是描述电子在空间的运动状态，但是大学教材中更加强调原子轨道并不是宏观上的"轨道"，它是电子出现概率密度较大的区域。为了直观化地理解原子轨道，教材还给出了 s、p（大学教材还有 d）原子轨道的电子云示意图，建立学生的"原子轨道"形象模型，培养模型认知的核心素养。另外，中学教材和大学教材均是从科学家对原子结构的认识历程出发，最后到原子结构的量子力学模型，进行了科学史教育，帮助认识到科学知识的暂定性这一科学本质观维度。

在必修阶段中对原子结构、元素性质和元素周期律（表）的已有认识基础上，该主题内容能够进一步深化学生对原子、分子微观结构的认识，促进学生模型认知素养的发展。"原子轨道"概念位于原子结构的章节中，而原子结构一般为《结构化学》的"开山之篇"，对后续分子结构、晶体结构的学习起着至关重要的作用。"原子轨道"的电子云模型是共价键模型、分子轨道理论（这部分在中学化学阶段不作要求）、杂化理论的基础，通过这些理论可以解释物质的空间构型，包括分子晶体结构、共价晶体结构、配合物结构等（如图 2-3 所示）。譬如，不同原子的原子轨道重叠形成共价键，"头碰头"重叠形成 σ 键，"肩并肩"重叠形成 π 键，共价键的键角则进一步反映分子的空间结构。

《普通高中化学课程标准》（2017 年版 2020 年修订）中提出要"结合实例了解共

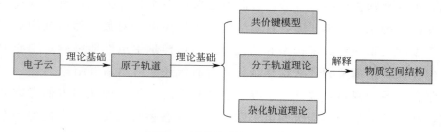

图 2-3　原子轨道概念价值图

价分子具有特定的空间结构，并可运用相关理论和模型进行解释和预测"。杂化轨道理论是在价键理论基础上提出的，它成功地解释了用价键理论不能解决的问题，如键角、分子的空间构型和稳定性等。然而，需要明确的是，该理论主要用于解释已知空间结构的分子的立体结构，即讨论分子中的中心原子杂化轨道类型的前提是已经知道了该分子的空间结构（可通过波谱、晶体 X 射线衍射技术测定）。但是，该理论对未知分子空间结构的预测性并不强，这可由价层电子对互斥理论弥补。杂化轨道理论是初步确立分子实际构型的基础，并由此进一步探究分子的键角问题而产生了价层电子对互斥理论（图 2-4）。杂化轨道理论和价层电子对互斥理论参与构成了现代共价键理论基础，对科学研究微观分子形态发挥了重要的作用，并产生了知识关联价值，对化学学科功能影响深远。教师在"分子结构"主题教学时需有意识引导学生认识两种理论模型的作用，不仅有助于促进学生模型认知素养的发展，同时有助于发展其对科学模型本质与作用的认识。

图 2-4　杂化轨道理论与价层电子对互斥理论

对于在高中"杂化轨道"概念教学，其重点与难点分别是 sp、sp^2、sp^3 杂化轨道的形成过程与用杂化轨道理论解释分子构型及物质性质。教师可考虑应用智慧课堂的教学手段，充分灵活地将信息技术运用于课堂教学，将杂化轨道这一抽象晦涩的教学内容形象地展示出来。同时也运用多种模型创设情境，让学生更加深刻地理解杂化轨道理论在解释分子结构方面的应用。譬如，可运用 AR 技术展示甲烷的球棍模型和比例模型，创设学习情境，让学生联系旧知识分析甲烷的结构和性质，再由甲烷的结构和性质引入 sp^3 杂化轨道的知识。在学习过程中通过动画模型和实物模型（气球模拟）多种教学手段来模拟杂化轨道的形成过程和构型，让学生能更加直观地感受到虚拟的杂化轨道。

另外，杂化轨道理论不仅是"物质结构与性质"模块的教学重点，同时也是每年高考的热点，但有些中学教师在实际教学中未能解释清楚杂化方式的原因，常常只停留在"数学计算"的层次，从而导致学生对"杂化轨道"以及杂化方式的理解不够清晰。譬如，不少教师在讲授这部分内容时都是根据一个计算公式，首先计算出孤对电子数目，并由成键原子得出 σ 键数目，从而得出价层电子对数。然后利用价层电子对数和互斥模型的关系确定分子构型和杂化类型。这样学生虽然能够确定中心原子的杂化方式，但往往难于理解为什么这样杂化，有时候还会得出错误结论。

基于学科本原的视角，教师可引导学生建立系统思维，即从多方面考虑如何确定杂化方式，如需要分析哪些能级的电子跃迁到激发态参与杂化，如何使参与杂化的电子对之间斥力最小而使分子形成最稳定结构。例如，HCl 分子为什么是 sp^3 杂化？Cl 原子的电子排布式为 $1s^2 2s^2 2p^6 3s^2 3p^5$，Cl 原子 3p 能级 3 个轨道填充 5 个电子，有 1 个轨道填充 1 个电子。很多学生和老师认为 Cl 原子 3p 能级有 1 个单电子，H 原子有 1 个电子，它们恰好成键，就不需要杂化。还有一些老师会直接告诉学生双原子分子是直线形结构，就是 sp 杂化。其实这是对"杂化轨道"概念的错误理解，如果 Cl 原子不杂化，3p 能级的 3 个轨道空间伸展方向是相互垂直的，那么未成键的孤对电子成键电子挤压作用就很大，这不符合共价键成键斥力最小原则，所以 Cl 原子应该为 sp^3 杂化，价层电子对互斥模型为空间四面体形，这样形成的 HCl 才最稳定。

学习任务

● 请用概念图表示并说明"原子轨道""杂化轨道""能量"的关系。

● 请与同伴小组讨论"原子轨道"与"杂化轨道"概念的学科认识功能。

● 高中阶段可如何引导学生认识杂化轨道理论与价层电子对互斥理论？

● 如何设计初高中阶段"原子结构"内容进阶的教学？

2.2　化学键

本原内涵

【化学键】（chemical bond）

2019 年人教版必修第一册先分别介绍离子键（"带相反电荷离子之间的相互作用"，p. 107）与共价键（"原子间通过共用电子对所形成的相互作用"，p. 108）两个定义，然后举例讨论共价键的两种类型（极性键与非极性键），再提出"化学键"概念的定义："原子结合成分子时存在着相互作用。这种作用存在于分子内相邻原子之间，也存在于非直接相邻的原子之间，而相邻原子之间的相互作用比较强烈。我们把这种相邻的原子之间强烈的相互作用叫做化学键"（p. 109）。在此基础上，教材进一步阐述化学键的形成本质和分类——"化学键的形成与原子结构有关，它主要通过原子的价电子间的转移或共用来实现。一般的化学物质主要由离子键或共价键结合而成。"类似地，2019 年鲁科版必修第二册（p. 41）也将化学键定义为"这种相邻原子间的强相互作用称为化学键"。然而，2019 年苏教版必修第一册（p. 127）的定义稍为不同："构成物质的基本微粒有原子、离子和分子等，这些微粒间通过一定的作用力彼此结合……通常我们把物质中直接相邻的原子或离子之间存在的强烈的相互作用叫作化学键"，同时指明"离子键和共价键是两种常见的化学键"。与人教版与鲁科版教材不同的是，苏教版教材特别说明成键粒子是"原子或离子"而非"原子"。这可能是因为：①人教版与鲁科版教材采用的是广义上的"原子"定义（见本书第 1 章），即它其实也包括"离子"（带电的原子）；②苏教版教材更加突显离子键与共价键二者在成键微粒上的区别。

大学《无机化学》教材大多更倾向于使用苏教版的表述方法，但会多提及化学键的另一种类型（金属键）。譬如，吉林大学宋天佑等编写的《无机化学》（第四版）教材中将"化学键"的概念描述为："化学键指的是原子或离子之间的强相互作用，主要分为离子键、共价键和金属键三种类型"。

由上可见，中学与大学化学教材均从学科本原上定义"化学键"，如将其理解为某种"强（烈）相互作用"，也均认可共价键与离子键是化学键的两种主要类型。最大区别在于中学教材未在此提及"金属键"概念（而是安排在"金属晶体"主题下）。

在中学化学教学中，教师通常以 NaCl 与 HCl 为例，并采用列表的方式从成键微粒、成键本质、电子式以及成键元素等方面对比离子键（ionic bond）与共价键（covalent bond）。譬如，不少教师会特别强调离子键的成键本质是一种静电作用，而共价键的成键本质是共用电子对。这种做法很可能会导致学生将离子键与共价键看作是两种本质截然不同的化学键，且容易出现将二者区别绝对化的现象。基于此，有学者基于学科本原的视角对比分析共价键与离子键的本质，发现二者的成键本质均为静电作用，且二者之间并无绝对的界限。具体讨论如下。

根据价键理论，当两成键原子吸引电子的能力相差不大时，可通过共用电子对的方式形成共价键。形成共价键时，组成分子的两个原子必须具有未成对的电子，且它们自旋相反。当两个成键原子相互靠近时，随着核间距的减小，电子云相互重叠，两核间电子云密度增大，体系能量逐渐减小。当两核间的距离达到平衡距离时（即电子云发生最大重叠时），体系能量降至最低。此时体系中两成键原子的原子核对共用电子对形成的负电区域产生吸引作用，当吸引与排斥两种作用达到平衡时，即形成稳定的共价键。但是当两个成键原子进一步靠近时，静电排斥作用占据主导地位，体系的能量则会上升。因此，从本质上说共价键与离子键一样都是静电作用。

在离子键的形成过程中，当阴、阳离子相互接近时，彼此都处在对方所形成的电场中，在相反电场的影响下，原子核与电子会发生相对位移，导致离子变形，引起正、负电荷重心分开，使离子产生了诱导偶极矩（也称"极化作用"）。由于离子本身有电荷，当与电性相反的离子互相接近时则会发生极化，从而改变了彼此的电荷分布，导致核间距的缩短与轨道的重叠，使电子较多地分布在离子之间，增加了共价键的成分。随着离子的极化作用增强，出现离子键向共价键过渡的现象。基于上述理论分析与化学键型的变化可知，离子键与共价键并非绝对独立（还可参考本书第 1 章"电负性"概念部分的讨论，成键两元素的电负性差值越小，键的离子性越弱而共价性越强），二者之间存在联系且可以转化——离子键向共价键过渡的过程也是由于电荷吸引与排斥的共同作用（即静电作用）导致。

此外，金属键（metallic bond）的本质也是一种静电作用。2019 年人教版化学选择性必修 2 教材中指出：根据"电子气理论"，金属键可理解为金属原子脱落下来的价电子形成遍布整块晶体的"电子气"，被所有原子所共用，从而把所有的金属原子维系在一起。有学者认为，中学阶段所学习的"金属键"可理解为自由电子和排列成晶格状的金属离子（或原子）之间的静电作用，由于在宏观上整块金属不带电，故金属键可看作原子核和核外电子的静电作用，包括原子核与电子的吸引作用、原子核间的排斥作用、电子与电子之间的排斥作用等。

功能价值

在高中必修阶段，化学键概念的构建是为发展学生对物质构成的认识，从初中"物质是由分子、原子等微粒构成的"发展到"构成物质的微粒之间存在相互作用"，结合实例建立化学键等概念。进入选择性必修阶段，新课标对化学键的认识要求存在差异，对于离子键和共价键是高水平要求，对于金属键（以及配位键）是较低水平的认识要求。选择性必修阶段丰富了对化学键的认识类型，深化了对于离子键和共价键的本质认识，呈现出学习进阶。

在中学阶段，"化学键"是联系"物质结构与性质"模块各类概念的核心概念（见图 2-5），该概念的建立有助于学生从原子、分子角度认识物质的构成和化学反应，

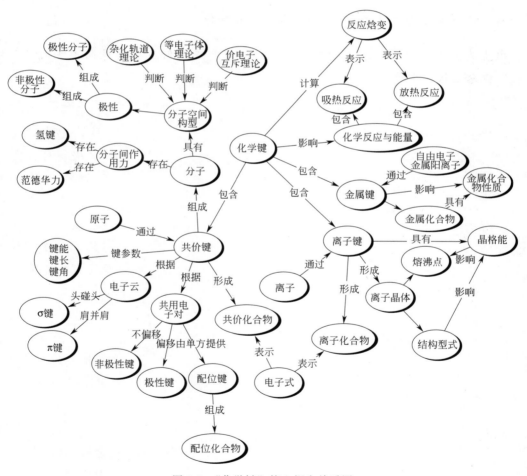

图 2-5 "化学键"核心概念关系图

能更好地认识化学反应实质（如 σ 键和 π 键的断裂与形成）。随着量子力学理论的建立及其在化学领域的应用，分子结构和化学键理论的研究得到快速发展，人们能深入地认识到化学反应的微观本质，并由此引发了热化学领域的研究，将化学反应与能量建立了联系。另外，从柯塞尔的离子键理论，到路易斯的共价键理论，再到后来进一步发现的范德华力和氢键，以及现代科学利用化学键原理所研究出的新能源和新型物质，无处不体现着化学键所带来的巨大学科功能和研究价值。

学习任务

- 请用概念图表示并说明"化学键""离子键""共价键""金属键""电子"等概念之间的关系。

- 请与同伴小组讨论"化学键"概念的学科认识功能。

- 高中生关于"化学键"通常持有哪些迷思概念？应如何有效发展高中生对"化学键"概念的认识水平？

2.3 范德华力、氢键

本原内涵

【分子间作用力】（intermolecular force）

除化学键（共价键、离子键、金属键）外，分子与分子之间、某些较大分子的基团之间、或小分子与大分子内的基团之间，还存在着各种各样的作用力，统称为分子间作用力。与化学键相比，分子间作用力是一类弱作用力，其能量仅达 $n\sim n\times 10\mathrm{kJ}/\mathrm{mol}$ 的数量级，而化学键的键能数量级可达 $10^2\sim 10^3\mathrm{kJ}/\mathrm{mol}$。另外，大多数分子间作用力为短程作用力，只有当分子或基团距离很近时（一般为皮米级）才显现出来。范德华力和氢键是两类最常见的分子间作用力。

【范德华力】（van der Waals force）

2019 年人教版必修第一册（p.110）在"资料卡片"对"范德华力"的定义具体表述为："分子之间还存在着一种把分子聚集在一起的作用力，叫做分子间作用力……所以最初也将分子间作用力称为范德华力。范德华力比化学键弱得多，对物质的熔点、沸点等有影响。NH_3、Cl_2、CO_2 等气体在降低温度、增大压强时能够凝结成液态或固态，就是由于存在范德华力。"人教版选择性必修 2（p.55~56）则在正文部分介绍了范德华力名称由来及其大小："降温加压时气体会液化，降温时液体会凝固，这些事实表明，分子之间存在着相互作用力。范德华是最早研究分子间普遍存在作用力的科学家，因而把这类分子间作用力称为范德华力。范德华力很弱，约比化学键的键能小 1~2 个数量级。相对分子质量越大，范德华力越大；分子的极性越大，范德华力也越大"。

相比之下，2019 年鲁科版选择性必修 2 教材对"范德华力"概念的阐述更加详细。譬如，教材中直接将其定义为"分子之间普遍存在的一种相互作用力，它使许多物质能以一定的凝聚态（固态和液态）存在"，并强调它与化学键两种作用力的强弱区别："范德华力的作用能通常比化学键的键能小得多，一般只有 2~20kJ/mol，而化学键的键能一般为 100~600kJ/mol"，尤其提及范德华力的实质属于"电性作用"。

与中学化学教材相比，大学教材则给出更具学科本原性的定义，尤其更明确地阐述三种范德华力（取向力、诱导力与色散力）的含义与本质（均为电性引力）：范德华力最早是由范德华研究实际气体对理想气体状态方程的偏差时提出来的，可根据不同来源分为取向力、诱导力和色散力，这三种力称为范德华力。取向力的本质是静电引力，取向力与分子偶极矩的平方成正比，与热力学温度成反比，与分子间距离的 6 次方成反比；诱导力的本质也是静电引力，与分子偶极矩的平方成正比，与被诱导分子的变形性成正比，与温度无关；色散力与分子的变形性有关，变形性越大，色散力越强。由于相互作用的分子不同，这三种力所占的比例也不同，但色散力通常是最主要的。

【氢键】（hydrogen bond）

2019 年人教版必修第一册（p.110）在"资料卡片"对"氢键"做了简单介绍："分子间形成的氢键也是一种分子间作用力，它比化学键弱，但比范德华力强。氢键会使物质的熔点和沸点升高，这是因为固体熔化或液体汽化时必须破坏分子间的氢键，消耗较多能量。水在液态时，除了单个水分子，还有几个水分子通过氢键结合而形成的缔合水分子 $(H_2O)_n$ 存在。在固态水（冰）中水分子间以氢键结合成排列规整的晶体。由于冰的结构中有空隙，造成体积膨胀、密度减小至低于液态水的密度，所以冰会浮在水面上。氢键在生命现象中也起着重要的作用，如 DNA 的结构和生理活性都与氢键的作用有关等"。人教版选择性必修 2（p.57）进而明确给出"氢键"的定义——"氢键是除范德华力外的另一种分子间作用力，它是由已经与电负性很大的原子形成共价键的氢原子（如水分子中的氢）与另一个电负性很大的原子（如水分子中的氧）之间的作用力"。然后，继续介绍氢键类型（包括分子间氢键与分子内氢键）及其对物质熔、沸点的影响，同时还强调"但与化学键比较，氢键属于一种较弱的作用力，比化学键的键能小 1～2 个数量级，不属于化学键"。

不同的是，鲁科版必修第二册（p.69～71）就比较详细地介绍氢键的作用机理、表示方法、作用能、类型及其对物质物理性质的影响，尤其强调氢键属于分子间作用力及其对体系能量降低的意义。在水分子中，氢原子以共价键与氧原子结合。氧元素的电负性很强，氧原子强烈吸引共用电子对，使之偏向自己，从而使自身带有部分负电荷，同时使氢原子带有部分正电荷，就好像使氢原子核"裸露"出来一样。当一个水分子中的这种氢原子和另一个水分子中的氧原子接近时，原子核"裸露"的氢原子允许带有部分负电荷的氧原子充分接近它，并产生静电相互作用形成氢键。氢键也是一种常见的分子间作用力。氢键通常用 X—H⋯Y 表示，其中 X—H 表示氢原子和 X 原子以共价键相结合。H 和 Y 原子核间的距离比范德华半径之和要小，但比共价键键长（共价半径之和）要大得多。氢键的作用能是指 X—H⋯Y 分解为 X—H 和 Y 所需要的能量。氢键具有方向性和饱和性。在 X—H⋯Y 中，氢原子两边的 X 原子和 Y 原子所属元素通常具有较强的电负性和较小的原子半径，或者说，氢原子位于 X 原子和 Y 原子之间且 X 原子和 Y 原子具有强烈吸引电子的作用，氢键才能形成。尽管人们将氢键归结为一种分子间作用力，但是氢键既可以存在于分子之间，也可以存在于分子内部的原子团之间，分子内氢键对物质性质的影响与分子间氢键对物质性质的影响也是不同的。氢键的形成赋予物质一些特殊的性质，主要表现为物质的熔点和沸点升高。另外，氢键对物质的电离、溶解等过程也能产生影响。只要具备形成氢键的条件，物质将倾向于更多地形成氢键，以最大限度降低体系的能量。

与中学教材相比，大学化学教材对"氢键"的定义则更具学科本原性，尤其能从电子的视角阐释氢键的形成机理、本质、形成条件、对物质物理性质的影响及其应用价值。

以水为例，由于氧元素的电负性比氢大得多，因此水分子中 O—H 键极性很强。共用电子对强烈地偏向于氧原子一端，结果氧原子带部分负电荷，而氢原子带部分正电荷，几乎成为裸露的质子，当两个水分子充分靠近时，带部分正电荷的氢原子与另一分子中含有孤对电子、带部分负电荷的氧原子产生相互吸引，这种吸引力称为分子间的氢键作用。氢键通常用 X—H⋯Y 表示，其中 X、Y 可以是同种原子，也可以是不同原子。经典氢键中的 X、Y 一般是电负性大、半径小的 F、N、O 等原子，这样的氢键较强。除了分子间的氢键以外，某些物质也能形成分子内氢键。从本质上讲，氢键是一种长距离静电相互作用，氢键的形成必须具备两个条件：①分子中有一个极性 X—H 键作为氢键给予体，X 原子的电负性要较大，使得氢原子带部分正电荷；②分子中有一个具有孤对电子、电负性较大、半径较小的 Y 原子，或具有电子给予体性质的基团，作为氢键接受体。氢键具有方向性和饱和性。氢键的强弱与 X 和 Y 的电负性大小有关：X、Y 的电负性越大，则形成的氢键强。此外，氢键的强弱也与 X 和 Y 的半径大小有关，较小的原子半径有利于形成较强的氢键。氢键对物质的影响，主要表现为物质熔点和沸点的差异。由于氢键的静电作用和定向性质，在分子形成晶体的堆积过程中有一定作用。尤其当体系中形成较多氢键时，通过氢键连接成网络结构和多维结构在晶体工程学中有重要意义。

功能价值

不难发现，中学与大学化学教材对"范德华力"与"氢键"的定义，均较好地体现了化学微粒观这一学科基本观念——微粒间存在相互作用，且该作用力会影响物质的宏观性质，即从微观视角探析分子间作用力的本质及其对物质物理性质的影响。譬如，卤素单质 F_2、Cl_2、Br_2、I_2 的范德华力逐渐增强，因此它们的熔点与沸点也随之升高。另外，鲁科版教材还从能量视角揭示了分子动能与范德华力之间的关系，剖析微粒间的相互作用力。教材指出当温度降低到一定程度时，范德华力这一主要因素把分子聚集在一起。范德华力虽然不属于化学键，但是这种"力"具有相应的能量，称之为"作用能"，且与分子间的距离有关，分子间距离越小，范德华力的作用能越大。类似地，在同主族简单氢化物沸点的比较中，由于水分子间存在氢键结构，其沸点明显高于硫化氢。另外，"氢键"概念可用于解释水结冰后的体积膨胀现象——物质由液态变为固态时，通常是体积变小，但水结冰后体积却变大，这是因为在固态水（冰）中水分子间以氢键结合成排列规整的晶体，而冰的结构中有空隙，则易造成体积膨胀。此外，氢键的存在也会对物质的化学性质带来影响。譬如，邻羟基苯甲酸的酸性比对羟基苯甲酸的酸性强，这是由于邻位羟基（—OH）上的氢与羧基（—COOH）上的氧形成了分子内氢键，从而促进了羧基上氢的解离。再如，由于羊毛纤维是由蛋白质构成的，蛋白质上的氨基和羰基可能会形成氢键。羊毛在浸水和干燥的过程中，会在这些氢键处纳入水和去除水，而且其变化往往是不可逆的，从而改变了原先蛋白质的构造，即原先的氢键部位可能发生移动，由此引起羊毛织品变形。

"范德华力"与"氢键"两个概念一般出现在"化学键"之后，体现了对"微粒间相互作用力"大概念内涵的补充。具体而言，化学键是一种强相互作用，微粒间可以通过强烈的相互作用形成物质；范德华力与氢键属于分子间作用力，是一种弱相互作用；但它们均可看作微粒间相互作用力。教师可在教学中引导学生建构或完善"结构决定性质"的认识模型，尤其结合这几个概念综合解释元素周期律对应的物质性质递变性现象，包括同主族简单氢化物的沸点递变规律。譬如，H_2O 与 H_2S 分子间均存在范德华力，但由于水分子之间还存在氢键的作用，破坏这些作用力需要从外界吸收更多能量，从而解释为何 H_2O 的沸点比 H_2S 高。总体来看，"范德华力"与"氢键"两个概念的引入能较好地补充与完善微粒间相互作用的其他形式，厘清关于微粒间相互作用的认识思路——"化学键（离子键/共价键）→非化学键/分子间作用力（范德华力/氢键）→氢键（分子内氢键/分子间氢键）"，具体如图 2-6 所示。必修课程主要涵盖"化学键"这一核心概念，充分体现了化学键概念对认识物质构成、化学反应的功能价值——认识构成物质的微粒之间存在相互作用、化学键的断裂和形成是化学反应中物质变化的实质及能量变化的主要原因。选择性必修阶段则将"化学键"与

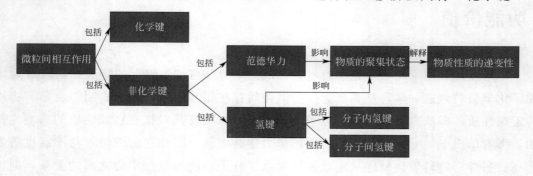

图 2-6 "微粒间相互作用"概念图

"分子间作用力"整合为"微粒间相互作用"这一概念，整合后体现了微粒间相互作用的多样性和复杂性（见图2-7）。

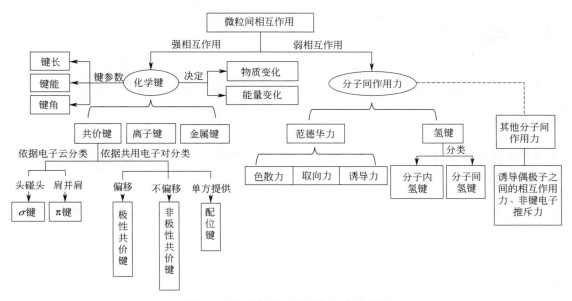

图 2-7 "微粒间相互作用"整合关系图

"范德华力"与"氢键"概念均有重要的应用价值。譬如，美国 Autumn 教授团队于 2000 年通过实验证实壁虎的超强黏附力源于脚掌上大量刚毛与物体表面的范德华力，并认为它是在中性分子彼此距离非常近时所产生的一种微弱电磁力。大量范德华力的积累就足以支撑壁虎体重，壁虎特殊的多分级黏附系统结构，最小黏附单元达到纳米量级，保证能轻易地与各种表面达到近乎完美的结合，无论多粗糙的表面，由于壁虎最小黏附单元非常精细，微观上都接近理想光滑结构，因此两者能形成理想接触，进而保证大量范德华力积累产生超强黏附力。另外，分子通过氢键可以组装成具有优异的光、电、磁、催化、生物活性等特性的材料。

氢键有别于其他分子间相互作用之处在于以下三点：①氢键在类型、长度、强度和构型上是变化多样的，每个分子中的一个强氢键（一般作用能大于 50kJ/mol）足以决定固态结构，并且在很大程度上影响其液态和气态的存在。弱氢键（一般作用能小于 15kJ/mol）在稳定结构中也起到一定的作用，当有很多氢键协同作用时效果可以变得很显著。②氢键具有方向性、饱和性和可预见性，可设计和合成出含有特征质子给体和特征质子受体的分子，可以按照所期望的方式将一定的结构单元或功能单元通过氢键组装成具有优异的光、电、磁、催化、生物活性等特性的材料。③氢键强度介于化学键和范德华力之间，形成和破坏都比较容易，其动态可逆的特点，使其对外部环境的刺激能产生独特的响应，在决定材料的性质和新型材料的设计中至关重要。因此，氢键在现代化学、材料科学以及生命科学中所起的作用越来越重要。

学习任务

● 请用概念图表示并说明"化学键""范德华力""氢键"之间的关系。

● 请与同伴小组讨论"分子间作用力"概念的学科认识功能。

● 高中生关于"分子间作用力"通常持有哪些迷思概念？应如何有效发展高中生对"分子间作用力"概念的认识水平？

2.4 键参数

本原内涵

【键参数】（bond parameters）

这里的"键参数"主要指用于描述共价键性质的某些物理量，如键能、键长、键角以及键矩（中学阶段一般只讨论"键的极性"）。

【键能】（bond energy）

2019 年人教版化学选择性必修 2 教材将"键能"定义为："共价键的强弱可用键能来衡量。键能是指气态分子中 1mol 化学键解离成气态原子所吸收的能量；键能通常是 298.15K、100kPa 条件下的标准值。键能可通过实验测定，更多的却是推算获得的。例如，断开 CH_4 中的 4 个 C—H，所需能量并不相等，因此，CH_4 中的 C—H 键能只是平均值"（p.37）。类似地，鲁科版教材（p.41）也将其定义为"在 101.3kPa、298K 条件下，断开 1mol AB（g）分子中的化学键，使其分别生成气态 A 原子和气态 B 原子所吸收的能量称为 A—B 键的键能，常用 $E_{A—B}$ 表示"。不同的是，鲁科版教材强调键能可用于"表示化学键的强弱程度"，而非只是共价键的强度。

与中学教材相比，大学化学教材关于"键能"的定义更能体现学科本原性，且一般会提及"键的解离能"以及"原子化能"等概念。例如：

"键能是表示化学键强弱的一个物理量。在 100kPa、298K 下，将 1mol 气态 AB 键断开为气态 A、B 原子时所吸收的能量称为 AB 键的键能，通常用符号 B.E. 表示。严格地说，断键过程是键的解离过程，所以又称为键的解离能，用 D 表示……对于双原子分子，其解离能 D 就等于键能 B.E.；对于多原子分子，键能与解离能在概念上是有区别的。"（章伟光，《无机化学》，p.78）

"所谓键能，通常是指在标准状态下气态分子拆开某种键所需能量的平均值。对双原子分子来说，键能就是键的解离能……而对于多原子分子来说，键能和键的解离能是不同的。例如，H_2O 含 2 个 O—H 键，每个键的解离能不同，但 O—H 键的键能应是两个解离能的平均值，或者说是原子化能的一半……由上所述，键的解离能指的是解离分子中某一种特定键所需的能量，而键能指的是某种键的平均能量，键能与

原子化能的关系则是气态分子的原子化能等于全部键能之和。"[孟长功,《无机化学》(第6版),p.227]

【键长】（bond length）

中学与大学化学教材中对"键长"的定义均能体现该概念的学科本原性,如均强调"成键原子之间"与核间距的确定等关键问题,同时侧重从键长与键能的关系讨论键的强弱。2019年人教版化学选择性必修2教材（p.37）中"键长"的定义为:"键长是衡量共价键强弱的另一个重要参数。简单地说,键长是构成化学键的两个原子的核间距。不过,分子中的原子始终处于不断振动之中,键长只是振动着的原子处于平衡位置时的核间距……化学键的键长与键能是相关的。"章伟光主编的《无机化学》教材（p.79~80）对"键长"也有类似的定义:"由于分子内的原子处于不停的运动中,因此任何一对原子之间都不可能有固定不变的距离。但成键原子的两个核之间的平均距离（又称核间距）是可以确定的,因此把分子中两个成键原子之间的平均核间距称为键长。键长数据可由实验方法测定,也可由量子化学计算获得……同一种化学键在不同的分子中键长也不完全相等,因此常见的键长数据是统计平均值……通常,键长越短,键能越大,表示键越牢固。"

【键角】（bond angle）

中学与大学化学教材中关于"键角"的定义均将其理解为键与键之间的夹角,且涉及键角的测定方法。例如,2019年人教版化学选择性必修2教材（p.38）将"键角"定义为"在多原子分子中,两个相邻共价键之间的夹角称为键角……多原子分子的键角一定,表明共价键具有方向性。键角是描述分子空间结构的重要参数,分子的许多性质都与键角有关。键长和键角的数值可通过晶体的X射线衍射实验获得"。类似地,章伟光主编的《无机化学》将其定义为"键角是指多原子分子中键与键之间的夹角。它是描述共价键的重要参数,也是描述分子空间构型的重要参数。原则上,键角的大小也可以通过量子化学计算的方法近似得出,但是对于复杂分子,主要通过振动光谱、X射线衍射等实验数据获得"(p.80)。

【键的极性】（bond polarity）、【键矩】（bond moment）

中学化学教材中并未对"键的极性"给出明确的定义,而倾向于介绍"极性共价键"（polar covalent bond）与"非极性共价键"（nonpolar covalent bond）两个概念。例如,在2019年人教版选择性必修2教材（p.52）中对其描述为:"共价键有极性共价键和非极性共价键。由不同原子形成的共价键,电子对会发生偏移,是极性键,极性键中的两个键合原子,一个呈正电性($\delta+$),另一个呈负电性($\delta-$)……电子对不发生偏移的共价键是非极性键。"鲁科版教材（p.39）则从电子云的角度更具体地描述这两种共价键的本质与区别："由于构成分子的是同种元素的两个原子，它们吸引电子的能力相同，所以共用的电子不偏向其中任何一个原子，电子在每个原子周围出现的概率都是相等的，参与成键的原子都不显电性，这种共价键叫做非极性共价键，简称非极性键。当构成分子的两个原子是不同元素的原子时，由于两个原子吸引电子的能力不同，共用的电子必然偏向吸引电子能力大的原子一方，这个原子因附近电子出现的概率较大而带部分负电荷，而另一原子则带部分正电荷，这种共价键叫做极性共价键，简称极性键。"

上述中学教材主要从共用电子对的偏移与键合原子的电性两个角度建构"键的极性"这一概念。相比而言，大学教材所给的定义更能体现学科本原性，尤其能结合"电负性"与"键矩"等概念加以阐释，并指出键的极性是具有方向性的。典型的定义包括：

"我们可以用两个原子电负性的差值来表示键的极性……。成键原子的电负性差值越大，键的极性越大。键的极性是有方向的，是从正电荷指向负电荷。如在 NH_3 中键的极性方向为 H→N，在 NF_3 中键的极性方向为 N→F。"（张祖德，《无机化学》，2019，p.228～229）

"'极性'是一个电学概念。度量极性的物理量叫做偶极矩（μ）。偶极矩是偶极子两极（带相同电量的正电端和负电端）的电量，即电偶极子的电量 q 和偶极子两极的距离——偶极长 l——的乘积（$\mu = ql$）……偶极矩 $\mu = 0$ 的共价键叫做极性共价键；偶极矩 $\mu \neq 0$ 的共价键叫做极性共价键。"（北京师范大学等，《无机化学》，2002，p.98～99）

虽然有些大学《无机化学》教材倾向于将"键的极性"看作键参数，然而结合"键的极性"的定义本质来看，"键矩"更像是衡量"键的极性"的键参数，就好比"键能"（与"键长"）是衡量键的强弱的键参数一样。该观点也与人教版选择性必修2教材的内容编排相吻合，只是中学教材考虑到基础性问题，未将"键矩"与上述"键能""键长""键角"等参数放在一起讨论。

功能价值

上述键参数均具有重要的学科功能价值，具体表现如下。

（1）键能可用于估算化学反应的热效应（或焓变）以及判断分子的热稳定性。键能是热力学能的一部分，在化学反应中键的破坏或形成，都涉及系统热力学能的变化；但如果反应中的体积功很小或可忽略，可用焓变近似表示热力学能的变化。在气相中键断开时的标准摩尔焓变称为键焓，它与键能近似相等，实验测定中常常得到的是键焓数据（即许多化学工具书中找到的"键能"数据）。借助盖斯（Hess）定律，利用键能数据则可以估算气相反应的标准摩尔焓变。由于化学反应的实质为反应物中化学键的断裂与生成物中化学键的形成，断开化学键要吸收能量，形成化学键要放出能量，因此通过分析反应过程中化学键的断裂和形成，应用键能的数据，便可估计化学反应的焓变。另外，对于多原子分子而言，其最弱的化学键的键能值越大，键越牢固，该分子的热稳定性越高。

（2）与键能类似，键长数值也可用于判断共价键的相对强弱。一般来说，键长越短，键能越大，表示键越牢固。譬如，单键、双键、三键的键长依次减小，键能依次增大，但双键、三键的键长与单键的键长并非简单的两倍、三倍关系，这是因为双键或三键中同时存在 σ 键和 π 键，二者的键能并不相等。

（3）一般情况下，如果知道一个分子中的键长与键角数据，则该分子的空间构型就确定了。例如，通过实验测得 CH_4 分子中四个 C—H 键的键长相等，且∠H-C-H 为 109.5°，由此推断 CH_4 分子为正四面体构型。

（4）键矩（或"键的极性"）可用于判断分子的极性，从而解释或预测物质在某种溶剂中的溶解性，以及物质的化学性质。具体来说，可根据分子中化学键极性的向量和来判断分子的极性——若分子中极性键的极性的向量和等于 0，则含极性键的分子为非极性分子，否则为极性分子。分子的极性对物质溶解性有很大影响——极性分子易溶于极性溶剂，非极性分子易溶于非极性溶剂（即"相似相溶"原理）。例如，蔗糖、氨等极性分子易溶于水，难溶于四氯化碳；而萘和碘易溶于四氯化碳却难溶于水。再如，三氟乙酸的酸性大于三氯乙酸的，这是因为氟的电负性大于氯的电负性，C—F 的极性大于 C—Cl 的极性，从而使 F_3C— 的极性大于 Cl_3C— 的极性，进而导致三氟乙酸的羧基中的 O-H 极性更大，更易电离出 H^+。

综上所述，上述四个键参数均充分体现了"微粒间相互作用"大概念以及"宏微结合"化学思维方式。同时，它们与"原子轨道"和"反应热"等核心概念也存在紧密联系（见图 2-8）。教师在教学时可引导学生建构"键参数"概念与其他核心概念（如"电负性"）的联系，尤其注重显化"结构决定性质"这一学科核心观念。

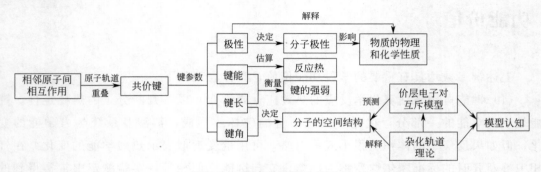

图 2-8 "键参数"概念关系图

学习任务

● 请结合其他核心概念，继续完善图 2-8。

● 请与同伴小组讨论"键参数"概念的学科认识功能。

● 应如何有效利用"键参数"概念发展高中生的"结构决定性质"思想？

2.5 晶 体

本原内涵

《普通高中化学课程标准》（2017 年版 2020 年修订）的"内容要求"中提到"借助分子晶体、共价晶体、离子晶体、金属晶体等模型认识晶体的结构特点"，学业要求中相应地包括"能说出晶体与非晶体的区别；能结合实例描述晶体中微粒排列的周期性规律；能借助分子晶体、共价晶体、离子晶体、金属晶体等模型说明晶体中的微粒及其微粒间的相互作用"（p. 42）。基于此，以下分别对"晶体""非晶体""分子晶体""共价晶体""离子晶体"与"金属晶体"概念进行解读。

【晶体】（crystal）【非晶体】（non-crystal）

2019 版高中化学教材中只有鲁科版选择性必修 2 明确给出"晶体"与"非晶体"（也被称为"无定形物质"）两个概念的定义："人们把内部微粒（原子、离子或分子）在空间按一定规律做周期性重复排列构成的固体物质称为晶体（crystal）；与此相对应，把内部微粒无周期性重复排列的固体物质称为非晶体（non-crystal）"（p. 85）。另外，教材进而介绍二者的区别："非晶体和晶体的最大区别在于物质内部的微粒能否有序排列。橡胶、玻璃、石蜡、沥青等固体，其内部原子、离子或分子呈无序排列，都属于非晶体。非晶体没有规则的外形，缺少晶体所具有的对称性和各向异性"（p. 86）。除了该差异之外，人教版还强调了区别晶体与非晶体的另一本质差异——"自范性"，即晶体能自发地呈现多面体外形的性质。

大学《无机化学》教材中关于晶体的定义与鲁科版的基本相似，但通常会基于晶体周期性排列的结构特征具体阐述晶体的共性，介绍如下。

（1）各向异性　晶体在不同的方向上呈现出不同的物理性质，如不同晶面具有不同的折射率、电导率、热膨胀系数和机械强度等。这是由晶体内部微粒的周期性排列所决定的。在周期性排列的微观结构单元中，不同方向的微粒排列情况是不同的，这种差异通过成千上万次叠加，在宏观上则体现出各向异性。然而，非晶体（或无定形物质）的微观结构差异由于无序分布而平均化了，因此它是各向同性，其各种物理性质不随测定的方向改变。例如，玻璃的折射率是各向等同的，所以隔着玻璃观察物体就不会产生视差变形。

（2）自范性　由于晶体生长速率的各向异性，晶体具有自发地形成封闭的几何多面体外形的性质。即晶体在生长过程中自发形成晶面，具有规则的多面体几何外形，这指的是物质凝固或从溶液中结晶的自然生长过程中出现的外形；而非晶体不会自发地形成多面体外形。

（3）同质性　同一晶体的任何一个部分都具有相同的物理和化学性质，且这种性质只能在宏观层面表现出来，因为从宏观来看，晶体是连续的、均匀的。譬如，晶体具有固定的熔点，这是由于晶体具有周期性结构，其各个部分都按同一方式排列。当温度升高时，微粒的热振动加剧，晶体开始熔化，且各部分需要同样的温度。具体在"加热时间-温度"曲线上呈现的话，晶体曲线会出现"平台"，而非晶体无"平台"出现。

（4）对称性　晶体的外观与内部微观结构均具有特定的对称性。在晶体的微观空间中，粒子呈周期性的整齐排列，尤其对于理想的完美晶体而言，这种周期性是单调不变的。在晶体中相隔一定的距离总有完全相同的粒子排列出现的现象称为平移对称性。

【分子晶体】（molecular crystal）

现行高中化学教材中对"分子晶体"概念的表述虽不大一致，但它们均从晶体的构成微粒（分子）及其相互作用（分子间作用力）提出本原性定义，以及列举相应的代表物质或性质（如熔点、硬度）。然而，大学《无机化学》教材对"分子晶体"的定义则更加细致，如提及"晶格"（组成晶体的结构微粒在空间有规则地排列在一定的格点上，由这些格点所形成的某种几何形状）以及晶体中微粒间相互作用对晶体聚集状态与物理性质的影响。具体表现如下：

"只含分子的晶体称为分子晶体……碘晶体只含 I_2，属于分子晶体。在分子晶体中，相邻分子靠分子间作用力相互吸引。分子晶体有低熔点的特性……较典型的分子晶体有：①所有非金属氢化物，如水、硫化氢、氨、氯化氢、甲烷等；②部分非金属单质，如卤素……③部分非金属氧化物，如 CO_2、P_4O_6、P_4O_{10}、SO_2 等；④几乎所有的酸；⑤绝大多数有机物。"（人教版选择性必修 2，p.78）

"研究发现，构成碘、干冰晶体的基本微粒都是分子。分子之间通过分子间作用力结合形成的晶体称为分子晶体（molecular crystal）。非金属单质、非金属的氧化物和氢化物等无机物以及多数有机化合物形成的晶体，大都属于分子晶体。"（鲁科版选择性必修 2，p.101）

"分子晶体（molecular crystal）是分子通过分子间作用力构成的固态物质……由于分子间作用力较弱，分子晶体一般硬度较小、熔点较低。"（苏教版选择性必修 2，p.84）

"在分子晶体中，组成晶格结点的是分子，分子之间以分子间作用力（范德华力和氢键）结合。它们可以是单质分子，也可以是化合物分子，可以是极性分子，也可以是非极性分子。由于分子间的作用力远小于离子键和共价键的结合作用，因此分子晶体的熔、沸点都很低，硬度都很小。许多分子晶体在常温下呈气态或液态。例如，O_2、CO_2 等是气体，乙醇、冰醋酸等是液体，有些是固体，如单质 I_2 等。"（章伟光，《无机化学》，p.164）

分子晶体中存在单个分子，由于每个分子都是由有限数目的原子构成的，故其相对分子质量可以测定，且有恒定的数值。由于分子间作用力比较微弱，所以分子晶体的熔点与沸点低，硬度小，易挥发，在固态和熔融状态下不导电。但是，某些极性很强的分子晶体（如 HCl）溶解在极性溶剂水中时由于发生电离而导电。

【共价晶体】（covalent crystal）

关于"共价晶体"概念（2003 版旧课标称为"原子晶体"），2019 年的鲁科版与苏教版较一致地将其定义为相邻原子间以共价键结合而形成的具有空间立体网状结构的晶体。然而，人教版高中化学选择性必修 2 教材并未给出具体定义，仅提及"有的晶体的微观空间里没有分子，共价晶体就是其中之一"（p.81），但有给出常见的共价晶体："①某些单质，如硼（B）、硅（Si）、锗（Ge）和灰锡（Sn）等；②某些非金属化合物，如碳化硅（SiC，俗称金刚砂）、Si_3N_4 等"（p.82）。

相比之下，目前大多数《无机化学》教材中仍沿用原来"原子晶体"的说法，仅有个别教材较明确地提供了"共价晶体"的定义，并从微粒相互作用的角度解释了共价晶体的物理性质（如熔点、硬度）：

"原子之间以共价键结合成的晶体称为原子晶体。在原子晶体中，组成晶胞的粒子是原子，原子间通过共价键相连，所以原子晶体又称为共价晶体。"（宋天佑等，《无机化学》，p.256）

"原子晶体的晶格结点是原子，原子与原子间以共价键结合，构成一个巨大分子。原子晶体也被称为共价晶体。例如，金刚石是原子晶体的典型代表，每一个 C 原子以 sp^3 杂化轨道成键，每一个 C 原子与邻近的 4 个 C 原子形成共价键，无数个 C 原子构成三维空间网状结构。金刚砂（SiC）、石英（SiO_2）都是原子晶体。破坏原子晶体时必须破坏共价键，需要耗费很大能量，因此原子晶体硬度大、熔点高。"（孟长功，《无机化学》，p.259）

在共价晶体中，不存在独立的小分子，而只能把整个晶体看成是一个大分子，没有确定的相对分子质量，所以只能用化学式而非分子式表示。另外，由于共价键具有方向性和饱和性，所以共价晶体的配位数一般不高。例如，金刚石晶体中的每个 C 原子或键时都处于与它直接相连的 4 个 C 原子所构成的正四面体中心，形成如图 2-9 所示的结构，配位数为 4。由于这类晶体中原子之间以共价键相

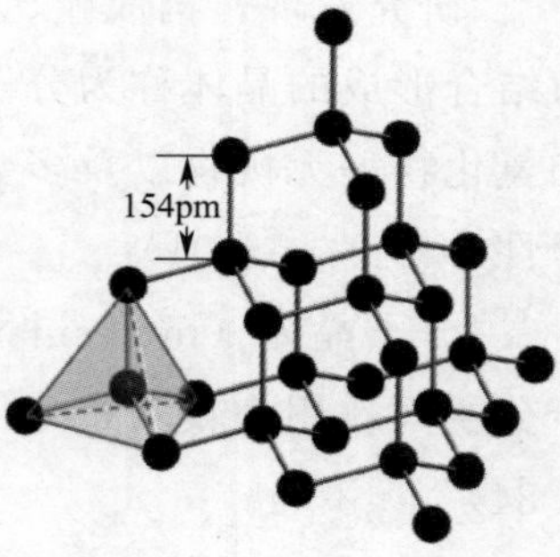

154pm

图 2-9　金刚石晶体结构

连，故其一般具有较高熔、沸点，且硬度较大。但一般不导电（除个别物质如硅和碳化硅等具有半导体性质，可以有条件地导电），导热性与延展性也较差。

【离子晶体】（ionic crystal）

现行 2019 版高中化学选择性必修 2 教材均给出"离子晶体"的定义，其中人教版将"离子晶体"描述为"由阳离子和阴离子相互作用而形成的晶体"（p.87）；苏教版的定义则强调是"按一定方式有规则地排列形成的晶体"（p.59）；而鲁科版教材则紧扣"晶体"这一上位概念的内涵，将其定义为"阴、阳离子在空间呈现周期性重复排列所形成的晶体"（p.97），继而以氯化钠晶体为例，解释该"排列方式"，但也未使用"离子键"描述阴、阳离子之间的相互作用。

然而，大学化学教材对"离子晶体"的定义相对更能体现学科本原性，尤其将该概念与"离子化合物""离子键"概念进行关联，并举例充分说明"按一定方式有规则地排列"或"周期性重复排列"的含义：

"离子化合物主要以晶体状态出现，如氯化钠、氯化钙、氧化镁晶体等。这些由阳离子和阴离子通过离子键结合而成的晶体，都称为离子晶体。在离子晶体中，每个离子都被若干个带异号电荷的离子所包围，如氯化钠晶体中，每一个带正电荷的 Na^+ 被周围 6 个带负电荷的 Cl^- 包围，同时每一个 Cl^- 被周围 6 个带正电荷的 Na^+ 包围……在立方体的棱上，两个 Cl^- 中心的距离总是 563pm。在整个晶体中，Na^+ 周围的几何环境和物质环境也都是相同的……周期性重复排列。"如图 2-10 所示。

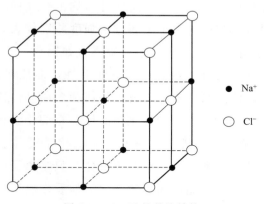

● Na^+

○ Cl^-

图 2-10　NaCl 的晶胞结构

与原子晶体一样，在离子晶体中并不存在单个分子（虽然整个晶体可以看作是一个巨分子），因此没有确定的相对分子质量。例如，对于氯化钠晶体，由于没有单独的 NaCl 分子存在，所以 NaCl 只是化学式而非分子式，它只能表示晶体中 Na^+ 与 Cl^- 的个数比为 1∶1。因此，根据相对原子质量计算得到的"58.5"应为 NaCl 的式量而非其相对分子质量。

离子晶体的微观结构很大程度上决定了其物理性质。因为离子晶体中微粒之间的作用力是较强的静电作用，晶格能较大，所以它一般具有较高的熔、沸点和硬度。例如，MgO 的熔点与沸点分别为 2825℃ 和 3600℃。虽然离子晶体的硬度大，但却比较脆，延展性也较差，这与离子晶体中的阴、阳离子是有规则地交替排列有关。当晶体受到外力冲击时，层间离子位置发生错动，导致出现带同种电荷离子之间相切，彼此排斥，从而减弱静电引力，所以延展性很差。这就是为什么大理石（化学成分为 CaCO$_3$ 的离子晶体）一般不采用锻造加工而采用雕刻加工方式的缘故。另外，由于离子晶体的溶解是拆散有序晶体结构的吸热过程和形成水合离子的放热过程，如果溶解过程伴随体系能量降低，则有利于溶解进行。因此，晶格能较小、离子水合热较大的离子晶体易溶于水。离子晶体处于晶体状态时，由于离子被限制在晶格的一定位置上振动，故难导电，但当其溶解在水中或处于熔融状态时由于能电离出自由且定向移动的离子，便具有良好的导电能力。

【金属晶体】（metallic crystal）

现行三版高中化学教材中，仅有鲁科版选择性必修 2 对"金属晶体"给出明确的定义："金属原子通过金属键形成的晶体称为金属晶体"（p.94）。吉林大学等编写的《无机化学》教材的定义也较为相近，但同时提出金属晶体与金属之间的关联，如"元素周期表中大约有 80% 的元素为金属元素，除汞之外的其他金属在常温常压下都是晶体。金属离子或原子之间以金属键结合成的晶体称为金属晶体"（p.250）。

金属晶体通常显示出共价晶体与离子晶体所不具备的某些特性，如具有金属光泽，优良的导电性、导热性与延展性等。这些性质均由金属内部作用力的特殊性决定（详见本章"金属键"概念部分）。由于金属键的强度差别较大，故有些金属很软、熔点很低（如金属钠），也有些金属很硬且熔点很高（如钨）。

需要注意的是，上述分类方法具有一定的相对性，即纯粹的典型晶体是不多的，大多数晶体是上述分子晶体、共价晶体、离子晶体和金属晶体四种类型晶体之间的过渡晶体。如 Na$_2$O、Al$_2$O$_3$ 和 SiO$_2$ 三种氧化物晶体，它们化学键中的离子键成分的百分数分别为 62%、41% 和 33%，即这三种晶体中的化学键并非纯粹的离子键或共价键。相应地，它们均非纯粹的离子晶体或共价晶体，只是离子晶体与共价晶体的过渡晶体。不过，习惯上将偏向离子晶体的过渡晶体近似看作离子晶体（如 Na$_2$O），因为它在许多性质上与纯粹的离子晶体接近。同理，偏向共价晶体的过渡晶体则可近似当作共价晶体处理（如 Al$_2$O$_3$ 和 SiO$_2$）。因此，要明确或绝对化地指出某种物质究竟属于上述分类的哪一种类型是比较困难的，有时也是比较不现实的。

此外，还有一些固体物质是由共价键和其他结合方式形成的晶体，称为混合晶体。譬如，在石墨晶体中，每个 C 原子通过 3 个 sp^2 杂化轨道，分别与相邻的 3 个 C 原子形成 3 个 σ 键，构成一个正六边形的平面层，在层中每个 C 原子还有一个垂直于六边形平面的未参与杂化的 2p 轨道，这些互相平行的 p 轨道可以相互重叠形成一个

离域大 π 键。另外，层内碳原子的核间距为 142pm，层间距离为 335pm（图 2-11），说明层间没有化学键作用，而是靠范德华力维系的。

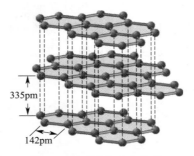

图 2-11　石墨的层状结构

功能价值

"晶体"这一核心概念具有重要的学科功能价值，尤其在对"分类观"与"微粒观"两大学科基本观念的综合体现上。譬如，晶体与非晶体是从构成物质微粒的"排列方式"（即是否呈周期性重复排列规律）对物质进行分类；而分子晶体、共价晶体、离子晶体、金属晶体则以微粒的"种类"与微粒之间"相互作用"的本质来对晶体进行进一步分类。对晶体进行分类有利于人们认识和研究晶体的结构、性质与用途，尤其有助于学生在加深对晶体认识的同时，能逐步完善与发展其对物质分类、微粒间相互作用及其对物质性质影响的系统认识（见表 2-2）。

表 2-2　四种基本类型晶体的比较

项目	晶体类型			
	分子晶体	共价晶体	离子晶体	金属晶体
微粒种类	分子	原子	阴、阳离子	金属原子或离子
微粒间作用力	分子间作用力	共价键	离子键	金属键
典型代表物	CO_2、H_2O、HCl	金刚石	NaCl	金属单质、合金
熔点、沸点	很低	很高	某些较高	晶体间差别较大
挥发性	高挥发	不挥发	低挥发	不挥发
硬度	很小	很大	较大	晶体间差别较大
导电性	不导电，有些晶体溶于水后能导电	不导电，可有条件导电	固体不导电，水溶液或熔融状态导电	良好
导热性	不好	不好	不好	良好
延展性	差	差	差	良好

另外，还可根据晶体的类型及其微粒间相互作用综合比较物质的有关性质，即

"结构决定性质"思想的体现。譬如，在比较不同分子晶体的熔、沸点时，需结合分子间作用力或氢键等相互作用的强弱来判断；若对于原子晶体与分子晶体的熔、沸点比较问题，需结合共价键与分子间作用力的相对强弱来判定。更重要的是，教师在教学时需引导学生建立该概念与其他"物质结构"类核心概念（如"化学键""分子间作用力"与"键参数"等）之间的关联（见图 2-12）。

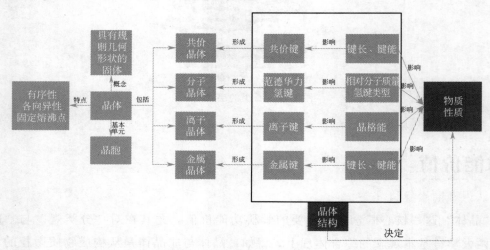

图 2-12　"晶体"核心概念图

学习任务

- 请结合其他核心概念，继续完善图 2-12。

- 请与同伴小组讨论"晶体"概念的学科认识功能。

- 应如何有效利用"晶体"概念发展高中生的"分类观"与"微粒观"？

2.6 聚集状态

本原内涵

【聚集状态】（state of aggregation）

物质的"聚集状态"首次作为独立的教学内容新增进入2019年版高中化学教材。譬如，苏教版必修第一册（p.3）从日常生活中常见的聚集状态——气态、液态和固态来认识不同聚集状态下物质在宏观、微观上的特点。从微观上考察，物质是原子、分子或离子的聚集体。在固态、液态、气态物质中，微粒的运动方式、微粒之间的距离是不同的。从宏观上来看，固体具有固定的形状，液体、气体没有固定的形状；气体容易被压缩，而固体、液体不易被压缩。同一种物质在不同的温度和压强下也可呈现出不同的聚集状态，这些状态生动地体现了物质世界的多样性。不同聚集状态的物质微观结构上的差异导致了物质性质的不同。

人教版选择性必修2教材从学生熟悉的物质三态出发，认为在物质的三态相互转化过程中只是分子间距离发生变化，而实际上气态、液态、固态物质不一定都由分子构成；教材继而通过列举具体例子的方式引出更多的物质聚集状态，如晶态、非晶态以及介乎晶态与非晶态之间的塑晶态、液晶态等。另外，教材还在"科学·技术·生活"栏目特别介绍"等离子体"和"液晶"两种聚集状态。这有助于学生进一步建构对"聚集状态"概念的理解，如知道物质的聚集状态会影响物质的性质以及用途。此外，"聚集状态"这一概念较常出现在"化学反应原理"模块中"内能""焓"与"热化学方程式"等主题内容下，如：

"内能是体系内物质的各种能量的总和，受温度、压强和物质的聚集状态等影响。"（2019年人教版选择性必修1，p.6）

"内能的大小除了与物质本身的特性及数量有关，还与温度、压强等环境条件以及物质的聚集状态有关，上述因素均可影响物质内部微观粒子的动能和势能。焓与内能一样，其大小也取决于物质的特性、数量、聚集状态以及温度、压强等因素。"（2019年鲁科版选择性必修1，p.3～4）

"正确书写热化学方程式时应注明反应物和生成物的聚集状态。因为物质的聚集状态不同时，它所具有的内能、焓也不同。例如，冰融化为水时，需要吸收能量；水蒸发为水蒸气时，也需要吸收热量。因此，H_2 与 O_2 反应生成 1mol $H_2O(l)$ 与生成 1mol $H_2O(g)$ 时所放出的热量是不同的。"（2019 年人教版选择性必修 1，p.8）

"书写热化学方程式时……在反应物和反应产物的化学式后面用括号注明各物质的聚集状态，因为反应的焓变与各反应物和反应产物的聚集状态有关。"（2019 年鲁科版选择性必修 1，p.7）

大学《无机化学》教材对物质聚集状态的定义更具本原性，尤其从微粒层面阐释"聚集状态"的概念内涵及其对物质性质的影响。例如，教材直接给出"聚集（状）态"的定义为物质分子集合的状态（也称为物态），即实物存在的形式。然而，常见的聚集状态有三种：气态、液态和固态（俗称为物质的三态），对应的物质分别称为气体、液体和固体，它们是由分子或原子构成的三种聚集状态。从物质三态的特点来看，构成固态物质的分子或原子只能围绕各自的平衡位置发生微小的振动，因此，固体具有一定的形状、大小；而构成液态物质的分子或原子没有固定的平衡位置，但也不能分散远离，液体有一定体积，形状随容器而定，易流动，不易压缩；构成气态物质的分子或原子作无规则热运动，无平衡位置，也不能维持一定位置，所以气体没有固定的体积和形状，自发地充满容器，易流动，易压缩。除了上述的三态外，由带电离子、电子和中性粒子组成的一种气体称为等离子体，等离子体的某些特性使它区别于普通气体而被称为物质的第四态，这是宇宙中普遍存在的物质聚集状态。在超高压、超高温下原子结构被破坏，原子外围的电子被挤压到原子核范围，通常存在于地球内部，这种状态为超固态，也被称为物质的第五态。

功能价值

在初中物理学科的学习中，学生已初步认识物质的三态及其相互转化的条件，并从微观的分子间作用力、分子间距离和宏观特性（形状、体积）定性地认识了物质的三态及其变化，但是对于分子间作用力，只初步了解它的存在（引力、斥力及其相对大小），认识分子在不断热运动，但还未深入从微观角度研究构成物质的基本微粒。九年级化学中，在描述和区分物理变化、化学变化和物理性质、化学性质的时候接触了物质的三态（教材上用"状态"二字表示，并未直接出现"聚集态"字眼）；在"物质构成的奥秘"章节中开始以微粒视角来分析宏观现象，并且从微粒角度分析物质的聚集态变化与物理变化、化学变化之间的关系。

需要强调的是，并非所有物质的聚集状态发生变化都属于物理变化，例如铁从固态变为气态，这一过程中虽然铁原子没有发生改变，但铁原子之间的间距变大了，固态铁中铁原子之间以金属键结合，高温条件下转变为气态铁，原子间距离增大，此时仅存在分子间作用力，因此该过程中存在化学键的断裂，应属于化学变化。

　　承接初中对物质聚集态及其变化的认识，高中必修教材中对于"气体摩尔体积"从 1mol 不同聚集状态的物质体积来引入，进而了解 1mol 固体和液体的体积取决于该物质微粒的本身大小，而 1mol 气体的体积取决于微粒之间的距离，因此在温度和压强一定的条件下，1mol 任何气体具有相同的体积。高中选择性必修教材的学习中明确物质的聚集态对物质变化和能量变化的影响，提出内容要求："知道内能是体系内物质的各种能量的总和，受温度、压强、物质的聚集状态的影响。"在书写热化学方程式时，要注明物质的聚集态，将物质变化与能量变化同时表示出来（如图 2-13 所示）。而由于纯固体与纯液体不存在"浓度"，不用于计算化学反应速率与化学平衡常数。在选择性必修 2 中，从物质的聚集状态引入对晶体与非晶体的学习中，认识晶体与非晶体的主要区别，以及晶体的常见类型及其结构、性质，而后探讨物质是否还存在其他的聚集状态，物质的聚集状态对物质性质所存在的影响，以及不同的聚集状态在生产生活中的具体应用。

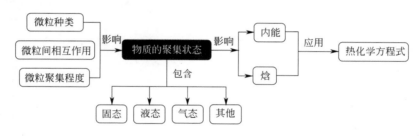

图 2-13　"聚集状态"概念关系图

　　"聚集状态"概念还具有非常重要的应用价值——同种物质的不同聚集状态具有不同的应用。如气态的二氧化碳用于灭火，用作生产啤酒、碳酸饮料、纯碱、小苏打、尿素、碳酸氢铵等物质的原料，还可用于充当防腐剂，在仓库中充入气态二氧化碳可防止食品中细菌、霉菌的滋生，达到保鲜和维持食品原有风味的效果；固态的二氧化碳用作制冷剂，在高空中喷撒可使空气中的水蒸气冷凝形成人工降雨，也可用于营造舞台效果。再如，等离子体是由大量带电微粒（离子、电子）和中性微粒（原子或分子）所组成的物质聚集体。等离子体中的微粒带有电荷且能自由运动，使等离子体具有很好的导电性，加之具有很高的温度和流动性，使得等离子体用途十分广泛。例如，人们可以用等离子束来切割金属或代替手术刀进行外科手术。作为一门蓬勃发展的新兴科学，等离子体物理学在受控热核聚变、空间科学、环境科学、微电子与信息产业、材料合成与处理、国防与高新技术等诸多领域都有极好的应用前景。

学习任务

● 请结合其他核心概念，继续完善图 2-13。

● 请与同伴小组讨论"聚集状态"概念的学科认识功能。

● 应如何有效利用"聚集状态"作为主线进行高中化学复习课教学？

2.7 同分异构

本原内涵

【同分异构】（isomerism）

在《普通高中化学课程标准》（2017 年版 2020 年修订）中的"有机化学基础"模块，"有机化合物的组成与结构"主题的内容要求包括"认识有机化合物的分子结构决定于原子间的连接顺序、成键方式和空间排布，认识有机化合物存在构造异构和立体异构等同分异构现象"（p.45）。相应地，学业要求包括"能辨识同分异构现象，能写出符合特定条件的同分异构体，能举例说明立体异构现象"（p.47）。基于这些学习要求，这里主要梳理高中化学教材中与"同分异构"（也称"同分异构现象"）核心概念紧密联系的重要概念，如"同分异构体""构造异构"与"立体异构"等。

在高中必修阶段一般先引入"同分异构现象"这一核心概念，并以"成对"（coupling）的方式介绍"同分异构体"（isomer）概念，例如：

"像这种化合物具有相同的分子式，但具有不同结构的现象称为同分异构现象，具有同分异构现象的化合物互称为同分异构体。"（人教版高中化学必修第二册，p.63）

"两种或多种化合物具有相同的分子式却具有不同的分子结构的现象，叫作同分异构现象；分子式相同而分子结构不同的化合物互称为同分异构体。一般来说，烷烃分子中的碳原子越多，它的同分异构体就越多。"（鲁科版高中化学必修第二册，p.85）

在高中选择性必修阶段，教材一般重新给出关于"同分异构（现象）"与"同分异构体"两个概念的相似定义。不同的是，该阶段进一步将同分异构现象具体划分为构造异构和立体异构，同时把构造异构细分为碳架异构、位置异构与官能团异构，把立体异构细分为顺反异构与对映异构。以人教版教材为例：

"有机化合物的同分异构现象主要有构造异构和立体异构。构造异构主要包括由碳骨架不同而产生的碳架异构，由官能团的位置不同而产生的位置异构，以及由官能团不同而产生的官能团异构。立体异构有顺反异构和对映异构等……这两种异构体就像人的左手和右手，互为镜像却不能重合，人们通常将这样的异构现象称为对映异构。"（人教版选择性必修 3，p.9～10）

"通过碳碳双键连接的原子或原子团不能绕键轴旋转会导致其空间排列方式不同，

产生顺反异构现象。例如，2-丁烯的每个双键碳原子都连接了不同的原子和原子团，2-丁烯就有两种不同的结构：一种是相同的原子或原子团位于双键同一侧的顺式结构；另一种是相同的原子或原子团位于双键两侧的反式结构。这两种不同结构的有机化合物互为顺反异构体，它们的化学性质基本相同，而物理性质有一定的差异。"（人教版选择性必修 3，p.33～34）

与中学化学教材相比，大学化学教材对"同分异构"概念的解读更具广度与深度，如还涵盖了"互变异构（体）""价键异构（体）""旋光异构（体）"以及"构象异构（体）"等概念（如图 2-14 所示）。其中，因分子中某一原子在两个位置迅速移动而产生的官能团异构体称为互变异构体（如酮和烯醇）；因分子中某些价键的分布发生了改变，与此同时也改变了分子的几何形状，从而引起的异构体称为价键异构体（如 1,3-己二烯与 2,4-己二烯，苯与杜瓦苯等）；因分子中没有反轴对称性而引起的具有不同旋光性能的立体异构体称为旋光异构体（如酒石酸）；仅由于单键的旋转而引起的立体异构体称为构象异构体或旋转异构体。

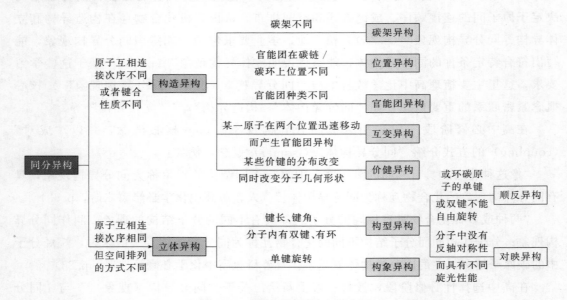

图 2-14 "同分异构"核心概念图

通过梳理以上同分异构（体）的定义发现，中学与大学化学教材均涉及的"同分异构"主要包括：碳架异构、位置异构、官能团异构、顺反异构、对映异构。其中，前 3 种属于构造异构，属于高中阶段重点教学与考查内容；而后两种属于立体异构中的构型异构，其学习要求相对低些。整体而言，"同分异构"核心概念有助于渗透"分类观""结构观""社会观"等学科思维方式。

从"分类观"来看，对纷杂的有机物，依据同分异构体书写方法的相似性对其进行分类，有助于串联有机物之间的共性，并发展系统思维；在教学中渗透分类观念，有利于学生加深对有机物同分异构体数目类问题的理解与迁移性应用。

从"结构观"来看，由于同分异构体的微观结构（如原子的连接、排列方式）不同，故其物理或化学性质可能也有所差异。譬如，同碳原子数目烷烃的同分异构体熔沸点随着支链的增加而降低等。此外，教师在"同分异构"概念教学中还可引导学生结合"基团""官能团""电负性""极性""化学键"等核心概念综合分析同分异构体间的性质差异。另外，还可引导学生建构"同分异构"与物质结构多样性、有机物性质以及波谱分析等之间的定性与定量联系（见图 2-15）。

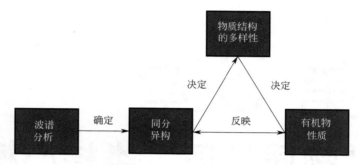

图 2-15 "同分异构"概念联系

从"社会观"来看，教师在教学中应重视引导学生认识到学习同分异构体的应用价值。例如，不饱和脂肪酸是人体合成脂肪的重要原料，广泛存在于黄油、奶油等食品中。不饱和脂肪酸依据碳碳双键的构型可以分为两类：双键碳上的两个氢原子在同侧的称之为顺式脂肪酸；在异侧的称之为反式脂肪酸。顺式脂肪酸在人体内的代谢周期为 7 天左右，且顺式脂肪酸通常是液态的，有助于生物膜的流动性；而反式脂肪酸在人体内的代谢周期为 50 天以上，大多是固态，不具有流动性，会导致人体肥胖，过度食用还可能增加得心脑血管疾病以及阿尔茨海默病的概率。

学习任务

● 请用概念图表示并说明"同分异构"与"基团""官能团""电负性""极性""化学键"及其他核心概念之间的关系。

● 请与同伴小组讨论"同分异构"概念的学科认识功能。

● 高中必修与选择性必修应如何有效开展"同分异构"核心概念教学？

第 3 章
"物质性质" 类核心概念

- 颜色
- 导热性、导电性、延展性
- 溶解性、溶解度
- 熔点、沸点
- 热稳定性

3.1 颜 色

本原内涵

【颜色】（color）

严格来说，颜色其实不是物质的属性，物质显色是光与物质发生作用的结果，而后通过观察者的视觉系统而产生的印象。颜色是物体对可见光的选择性吸收的结果。光源、眼睛、物体是物质呈色的三要素，不透明物质的颜色取决于入射光的颜色及其反射到眼睛内光的频率，透明物质的颜色则取决于透射光的颜色。影响物质颜色的内因是物质的分子结构，分子结构决定了物质对光线的吸收特性，直接影响物质对光的吸收、反射或透射。

从物质呈色的微观本质来看，主要有以下几种情况。

（1）光辐射 将耐热的物体加热到一定温度后，构成物质的分子和原子运动加剧，产生的电磁辐射强度增大，从而发出光辐射，随着温度升高会显示出亮红色、橙色、黄色等，如白炽灯的发光原理；焰色试验、高压或低压汞蒸气灯、稀有气体通电时发出色光等光源是由于气体分子或离子中电子激发，发生电子跃迁释放能量，引起光辐射。

（2）d-d 轨道跃迁 部分过渡元素配合物中发生的 d-d 跃迁导致呈现不同的颜色，电子发生 d-d 跃迁所需的能量大小主要由金属离子和配体的特性决定，金属离子的价态、电子构型、配体种类都会影响配合物的显色，如 Al^{3+}、Zn^{2+}、Ag^+ 等金属离子没有 d 电子或 d 轨道充满，不能发生 d-d 跃迁，此类离子没有颜色，而 $Fe(H_2O)_6^{3+}$ 为淡紫色，$Fe(H_2O)_6^{2+}$ 为浅绿色就是由于金属离子的价态不同导致 d 轨道的分裂能不同，d-d 跃迁时吸收不同波长的光而呈不同的颜色，而苯酚与 $FeCl_3$ 发生显色反应的原理也是生成的 $Fe[(C_6H_5O)_6]^{3-}$ 呈紫色。

（3）离子极化作用 部分离子化合物中由于阴阳离子相互极化，电子云发生强烈变形，电子云的重叠程度增大，离子键中的共价性增强，使电子的能级发生改变，基态和激发态的能量差减小，最终导致电荷迁移产生颜色，例如 Ag^+ 和 I^- 均为无色，而结合时产生极化作用使 AgI 呈黄色。

（4）自由电子的吸光性 由于自由电子几乎可以吸收所有波长的可见光成为激发

态自由电子，然后将可见光的很大部分又发射出来，故绝大多数金属呈银白色光泽。但是，金属光泽只有在金属为较大的体积时才能表现出来，金属在粉末状态时，一般都呈暗灰色或黑色。这是因为在粉末状时，金属的晶面取向杂乱无章，晶格排列不规则，光线被反复反射和吸收而辐射不出去。

功能价值

"颜色"概念能较好地用于体现微粒观、价值观、实验观等基本观念。首先，物质显色的原理虽不尽相同，但较多在于一定的条件下（如加热、通电等），微粒原本的运动状态发生改变，使物质呈现不同的颜色。例如激光笔的显色原理，当加热或通电后，不同元素原子的电子吸收能量从基态轨道跃迁到激发态轨道，而由于电子处于激发态，不稳定，电子会返回到低能量的轨道，释放不同波长的光，进而呈现不同的颜色。其次，利用焰色试验能定性地区分不同的金属元素，是因为很多金属或它们的化合物在灼烧时都会使火焰呈现特征颜色（如锂呈紫红色、钠呈黄色、钾呈紫色、钙呈砖红色），根据该特征颜色可以判断试样所含的金属元素。生活中，烟花、霓虹灯、激光、荧光、LED灯都是对原子核外电子跃迁的应用，从而呈现不同颜色的光。最后，颜色在化学实验中发生的变化较为直观，在设计实验方案时，尽可能地选用或设计颜色有鲜明变化的反应过程，便于学生收集宏观的实验证据，推理反应中的物质变化，将实验过程的颜色变化与物质变化相联系。

在八年级物理的光学部分中学生开始学习光的颜色，随后在九年级、高中必修阶段化学学科的学习中也将多次接触"颜色"，"颜色"作为一个日常生活与化学学习相结合的线索引入课堂以提升学习兴趣（如利用五彩斑斓的烟花来引入学习焰色试验），常见物质在特定条件下的颜色（如氧气在不同聚集态下呈现不同的颜色，气态时为无色，液态下为淡蓝色，固态下为淡蓝色雪花状）、某些具有特殊含义的颜色（例如酸碱指示剂中，石蕊溶液遇酸呈红色，遇碱呈蓝色，酚酞溶液遇碱变红）、某些物质在物理变化或化学变化中伴随的颜色变化（如 C 还原 CuO 的氧化还原反应中，固体从黑色变成红色；SO_2 能使品红溶液褪色，具有漂白性）、颜色与生产生活及教学改进相结合的内容（如在食品中添加着色剂，其中从热带经济作物玫瑰茄成熟的花萼中提取的玫瑰茄红是常见的天然着色剂；又如有研究者提出利用容量瓶配置溶液时以 $KMnO_4$ 溶液代替 NaCl 溶液，紫色的 $KMnO_4$ 溶液更便于学生定容）。具体而言，颜色在"离子的鉴定""常见无机物的性质""焰色试验""原子结构与元素的性质""中和滴定""溶液 pH 的测定""化学反应速率的测定""影响化学平衡的因素""食品添加剂"等主题中都有应用（如图 3-1 所示）。而后，深入到高中化学选择性必修 2 中对部分物质显色的微观本质进行学习，从原子核外电子的运动状态来认识物质的显色原理，学习原子光谱，进而对必修第一册所学的焰色试验有更为深刻的理解。此外，一些颜色及其变化能够引起学生的注意和兴趣，因此"颜色"适合作为一个重要线索引导学生关注实验中的变化，在实验教学中要予以重视。

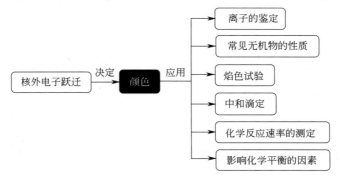

图 3-1 "颜色"概念的应用

✎ 学习任务

● 请用概念图表示并说明"原子轨道""颜色""能量"概念之间的关系。

● 请与小组同伴共同梳理高中化学阶段所有物质的颜色及其原因。

● 请与同伴讨论"颜色"概念的学科认识功能。

3.2   导热性、导电性、延展性

本原内涵

【导热性】（thermal conductivity）

中学阶段各版本教材未对"导热性"进行明确定义，但在人教版、鲁科版和苏教版的必修教材中均提到铁有导热性和碱金属的导热性良好。除此以外，鲁科版提到金属钠和钾因其优良导热性可作为原子反应堆的导热剂，并在理论层面上说明由于固态金属中有"自由电子"，所以当金属中存在温度差时，不停运动着的"自由电子"通过自身与金属阳离子之间的碰撞，将能量由高温处传向低温处，使金属表现出导热性。

【导电性】（electrical conductivity）

电荷的长距离定向移动就产生导电性。带电荷的微粒只有电子和阴、阳离子，因此凡是有可以自由移动的电子或离子的物质都可以导电。其中，根据电子气理论可知，金属晶体中都有自由移动的电子，故其具有良好的导电性。同时，金属的导电性还可用能带理论进行解释。当在金属两端接上导线并通电，在外加电场的作用下，自由电子将获得能量从电源负极流向正极，即朝着与电场相反方向流动。在满带中的电子无法跃迁，电子通常不能从满带越过禁带进入导带。只有导带没有被电子占满，能量较高的部分还空着，导带内的电子获得能量后可跃迁至其空缺部位，即金属的导电性取决于它具有导带这一内部结构特征。对于半导体而言，其能带特征为具有满带和空带，但禁带宽度较窄，在外电场的作用下，部分电子将跃迁到空带，空带则有了电子变成导带，原来的满带因缺少了电子而产生空穴，也能形成导带而具有导电性。因此，半导体的导电性是导带中的电子传递（电子导电）与满带中的空穴传递（空穴导电）所构成的混合导电性。一般来说，当温度升高时，金属内部原子振动加剧，电子运动受阻，故电阻增大，其导电性能降低；而半导体则随温度的升高，其满带中有更多的电子被激发进入导带，使导带中的电子数目与满带形成的空穴数目相应增多，从而增强其导电性，该结果足以抵消由于温度升高原子振动加剧所引起的电阻。

另外，对于电解质溶液来说，溶液中的离子在外电场的作用下发生定向运动（电

迁移）。当通电于电解质溶液之后，阴、阳离子分别向阳极与阴极移动，并在相应的两电极界面上发生氧化或还原作用。因此电解质溶液的导电能力与其离子的电迁移速率相关，而离子的电迁移速率的影响因素主要包括离子的本性（离子半径、离子水合程度、离子所带电荷等）、溶剂的性质（黏度等）、电场的电势梯度、温度、浓度等。中学阶段学习中涉及的影响因素主要有离子半径、离子所带电荷、温度、浓度。此外，一些非金属单质和化合物中也有自由移动的电子或弱束缚电子，如石墨、砷化镓等也具有一定的导电性；大部分分子晶体在熔融状态下不导电，但有些（如纯 HF）在液态时可以发生电离而具有一定的导电性；有些原子晶体（如 AgI）在固体状态时就具有较高的导电性。

【延展性】（malleability）

"延展性"一般是对于金属晶体的物理性质而言。当金属晶体受到外力发生变形时，由于金属键无方向性，原子排列方式简单，重复周期短（因为金属原子或离子堆积紧密），故层与层之间的原子容易发生相对位移而产生滑动，且在滑动过程中自由电子的连接作用并未发生变化，自由电子的流动性能帮助克服势能障碍。因此，各层之间始终保持着金属键的作用，金属只是被拉长（延性）或压扁（展性），这就是金属具有延展性或可塑性的原因。

功能价值

中学化学教材常用导热性描述物质材料的性质特点。金属导热主要依靠自由电子的热运动，导电性能好的金属材料其热导率也大。非金属材料导热主要依靠晶格结构振动产生弹性波的方式来传递能量。由此可知，物质的导热性能与其物质材料的结构密切相关。认识物质材料的导热特点，有助于完善对物质材料性质的认识，深化对物质结构与性质之间关系的理解，形成基于微观结构分析宏观性质的视角。同时，与导热性相关的传导性传热过程涉及物质与其他物质之间的相互作用，通过学习物质的导热性，有助于强化学生的系统思维。

导热性可视为物质材料横跨化学与物理进行学科融合的交叉点，如不同物质导热性的差异结果可凭借物理知识或实验得出，而物质结构可作为分析物质导热性差异的抓手，并以此深化"结构决定性质"的基本观念。同时，学生在改进实验装置的过程中常出现的"热量散失速度快"等热量传递问题与物质的导热性密切关联。据此，物质材料导热性能的学习可为学生的实验设计或改进提供思考角度和改进方向。此外，石墨散热片具有超高导热性能，现已大量应用于通信工业、医疗设备、笔记本和手机等的散热方面。我国科学家于 2017 年研发出一种高导热超柔性石墨烯组装膜，有望应用在电子元件导热、新一代柔性电子器件及航空航天等领域。研究人员将这种石墨烯膜替代商用石墨膜，应用于手机散热膜上，发现收集 CPU 处的温度可以控制在 33℃以下，相较商用石墨膜降低了 6℃，在电子设备导热装置方面有广泛应用前景。

📝 学习任务

● 请用概念图表示并说明"导热性""导电性""延展性"与"金属键"概念之间的关系。

● 请与同伴讨论"导电性"概念的学科认识功能。

3.3 溶解性、溶解度

本原内涵

【溶解性】、【溶解度】（solubility）

简单来说，"溶解性"与"溶解度"分别为对物质的溶解能力的定性与定量描述。"溶解性"是物质的诸多重要性质之一，它不仅与物质（溶质和溶剂）的本性（组成与结构）有关，同时也与外界条件（如温度与压强）有关。"溶解度"概念则用于定量描述物质的溶解性强弱。人教版化学九年级下册（2012 年版）将"溶解度"定义为："某固态物质在 100g 溶剂里达到饱和状态时所溶解的质量。"如果不指明溶剂，通常所说的固态溶解度是指物质在水里的溶解度。例如，在 20℃时，100g 水里最多能溶解 36g 氯化钠（这时溶液达到饱和状态），我们就说在 20℃时，氯化钠在水里的溶解度是 36g（p.36）。同时，教材也指出："由于称量气体的质量比较困难，所以气体的溶解度常用体积来表示。通常用的气体的溶解度，是指该气体的压强为 101kPa 和一定温度时，在 1 体积水里溶解达到饱和状态时的气体体积"（p.38）。

大学《无机化学》教材对"溶解度"的定义是："习惯上把某温度下 100g 水中某物质溶解的最大质量称为溶解度，单位为 g/（100g 水）。但在讨论沉淀溶解平衡时，都采用物质的量浓度（mol/L）而不是 g/（100g 水）来表示溶解度"（p.188）。理论上，在饱和溶液中，"物质的量浓度""质量分数"和"摩尔分数"都可以用于表示溶解度。但是习惯上最常用的溶解度表示法是 100g 溶剂中所能溶解的物质的最大质量。温度对固体溶质的溶解度有明显的影响，压力则几乎没有影响；同一种溶质在同温度下单一溶液中和含多种溶质的混合溶液中的溶解度是有差别的；气体的溶解度一般用单位提及的溶液中气体溶解的质量或物质的量表示，其与气体的分压明显有关。

一般地，可从物质结构与溶解平衡两个视角理解物质的溶解性。一方面，溶质在溶剂中的溶解能力与构成溶质的微粒、构成溶剂的微粒之间的相互作用力的类型及其大小有关。例如，氧气与氮气均由非极性分子构成，但氧气分子的相对分子质量大于氮气分子的相对分子质量，它与水分子间的色散力也相应地大于氮气分子与水分子之间的色散力，因此氧气在水中的溶解度比氮气在水中的溶解度要大些。对于 NH_3 与 HF 来说，它们的分子在水中均能形成氢键形式的水合物，且与水分子均为极性分子，所以它们在水中的溶解度很大。另一方面，物质的溶解过程其实涉及溶解与结晶两个同时存在的过程，当在一定条件下这两个过程达到平衡状态时，物质的溶解则达到该条件下的最大溶解量。因此，可从热力学角度理解物质的溶解能力，如可以用 $\Delta_r G = \Delta_r H - T\Delta_r S$ 来度量，即物质的溶解-结晶平衡受 $\Delta_r H$、T、$\Delta_r S$ 三者的影响。具体来说，放热的过程（如溶质与溶剂微粒间的相互作用，$\Delta H < 0$）是有利于溶解的，吸热的过程（拆开溶质微粒间的作用、溶剂微粒间作用，$\Delta H > 0$）是不利于溶解的。当溶质不断分散到溶剂的过程中，体系的混乱度不断增加（$\Delta S > 0$），但该过程中溶剂分子也会在溶质微粒周围定向排列形成溶剂化分子，即溶剂分子从无序变得更为有序（$\Delta S < 0$），最后根据总的结果是熵增还是熵减来判断是否有利于物质的溶解。讨论温度对溶解度变化的影响时，需要综合考虑 $\Delta_r H^\ominus$ 的正负值，即在一定温度范围内，当 $\Delta_r H^\ominus$ 不随温度发生变化时，若 $\Delta_r H^\ominus < 0$，温度升高时（$T_2 > T_1$）溶解度减小；若 $\Delta_r H^\ominus > 0$，温度升高时溶解度增大。

功能价值

溶液在研究、生产、生活中有着广泛的应用，学生需要在定性认识（如物质具有不同的溶解性、物质在溶解时会有热效应）的基础上继续从定量的角度认识溶液。初中阶段出现"溶解度"以及"溶质的质量分数"后，学生需要运用定性与定量相结合的思维认识溶液中的组分及其关系，尤其是溶质在溶剂中的溶解能力。同时，此阶段的学习对于学生的逻辑、数据处理、列表作图以及分析问题的能力要求也有提升，例如需要学生利用物质溶解度曲线来解决物质分离或提纯等实际问题。在高中必修阶段，学生进一步学习"物质的量"与"物质的量浓度"等概念，从不同角度理解溶质的溶解能力，以及这些物理量与溶解度之间的换算关系，逐步深化对溶液的定量认识。在高中选择性必修阶段，学生则需要在"化学反应原理""物质结构与性质"与"有机化学基础"三个模块中更深入地学习从变化平衡与物质结构视角来认识物质的溶解过程，如从分子的极性、微粒间相互作用（氢键）、官能团（如羟基、羧基等）及其与基团间的相互作用等角度分析、解释或预测物质的溶解性及其大小关系。

学习任务

● 请用概念图表示并说明"溶解性""溶解度""物质的量""分子间作用力"与"焓变"等概念之间的关系。

● 请与同伴一起梳理中学化学阶段有关物质"溶解性"的规律。

● 讨论"溶解度"概念的学科认识功能。

3.4 熔点、沸点

本原内涵

【熔点】（melting point）、**【沸点】**（boiling point）

中学阶段各版本化学教材未对"熔点"进行明确定义，但在人教版八年级物理上册（2012 年版）将"熔点"定义为："有些固体在熔化过程中尽管不断吸热，温度却保持不变，有固定的熔化温度，例如冰、海波、各种金属。这类固体叫做晶体……晶体熔化时的温度叫做熔点"（p. 55）。

同时，人教版八年级物理上册（2012 年版）将"沸点"定义为：各种液体沸腾时都有确定的温度，这个温度叫沸点（p. 59）。相比之下，章伟光主编的《无机化学》教材对"沸点"的定义更体现学科本原性：

"液体的蒸气压等于外界压力时的温度称为该液体的沸点。外压为 100kPa 时的沸点称为正常沸点。当某种溶剂被加热时，溶剂分子获得足够的动能，一些分子获得足够的能量逸散，进入气相。当越来越多的溶剂分子进入气相后，溶剂分子向溶剂界面内表面所施加的压力越来越大。当这种压力和大气压相等时，溶剂沸腾现象产生，这时候的溶剂沸腾温度称为溶剂的沸点。（p. 171）"

一般而言，熔点与沸点通常成对出现被用于描述物质的物理性质，且二者均主要受外界压力与物质内部结构（微粒间相互作用）两个因素影响。譬如，由单原子和双原子组成的非金属单质，如稀有气体、卤素、O_2、N_2 与 H_2 等，通常情况下它们为气态，个别为液体或固体。因为分子晶体内质点（分子）间的作用力为弱的分子间力，所以它们的熔点与沸点一般很低。由多原子组成的非金属单质通常情况下是固体，如 S_8、P_4 和 As_4 等，它们为分子晶体，熔点与沸点均稍高于小分子组成的非金属单质。由无限原子组成的非金属单质，如金刚石、晶态硅和硼等，它们属于原子晶体，晶体中原子之间以共价键结合，这类单质的熔点与沸点均极高。另外，含有氢键的物质比同类型无氢键存在的物质的熔点与沸点要高。例如，第ⅦA 族元素的氢化物的熔点与沸点随相对分子质量增大而升高，但 HF 因分子间存在氢键，其熔点与沸点比同类型氢化物的要高，呈现出反常现象。第ⅤA、ⅥA 族元素的氢化物的情况与此类似。

在比较物质的熔点或沸点时，需要注意物质之间是否具有相似的结构特点。譬如，碳化硅和二氧化硅均为原子晶体，但二者的结构并不相似：碳化硅晶体中，每个原子都形成四个共价键与其他原子连接；而二氧化硅晶体中，每个硅原子通过四个共价键与四个氧原子相连，但每个氧原子只通过两个共价键与硅原子相连接。因此不能简单套用"原子晶体的熔点取决于成键原子半径，即半径越小，共价键越强，熔点越高"这一规律。再如，乙烷、乙烯、乙炔均为分子晶体，分子晶体发生状态变化时需要克服分子间作用力，而对于结构相似的分子，其分子间作用力（或沸点）一般可根据相对分子质量的大小来判断。然而，乙烷、乙烯、乙炔的结构并不相似（如键的饱和程度不同），故不能直接套用该判断方法。

功能价值

熔点与沸点一般被用于描述物质的物理性质，通过它们可以判断一定温度下物质所处的聚集状态，以及判断或比较不同物质之间熔点或沸点的高低关系。学生在八年级物理学科中第一次接触"熔点"与"沸点"的定义，在随后的九年级化学、高中化学必修与选择性必修等阶段的学习中也将多次接触这两个概念，并不断认识到它们与外界压力、物质类别或结构的关系，尤其能从构成物质的微粒间相互作用去理解。简言之，这两个概念能较好地体现结构观、相互作用观等化学基本观念，同时有助于提升学生基于证据的推理与概括能力，如根据实验数据，从微粒间作用力解释宏观现象规律。在元素周期律主题的学习中，可引导学生总结同周期或同（主）族元素对应单质及氢化物的熔、沸点变化规律。譬如，在比较金属单质的熔点与沸点时，可从物质结构或微粒相互作用方面分析熔、沸点的变化趋势，由此发展学生"结构决定性质"的学科思维方式。如同一周期从左到右金属的熔点总体呈升高的趋势，因为同一周期从左到右金属原子中参与形成金属键的价电子数从低（ⅠA）到最高（ⅤB）再降低（ⅠB），当价电子数越多，形成的金属键越强，则金属的熔点就越高。

另外，在物理化学热力学基础实验中，绘制完全互溶双液系平衡相图需要运用溶液的沸点。通过溶液沸点的测定、溶液沸点的校正、作乙醇-环己烷体系 $T\text{-}x$ 图的一系列操作，就可绘制出完全互溶双液系平衡相图。虽然绘制相图实验中数据处理工作量较大，但是运用数值软件后能避免手工处理数据的复杂性，减少人为误差，能方便得到统计数据和拟合参数，提高了数据准确性。

学习任务

- 请用概念图表示并说明"熔点""沸点"与"化学键"和"分子间作用力"概念之间的关系。

- 请与同伴一起梳理中学化学阶段的物质熔、沸点变化规律。

- 请与同伴讨论"熔点"与"沸点"概念的学科认识功能。

3.5　热稳定性

本原内涵

【热稳定性】（thermal stability）

中学化学阶段常常出现关于物质稳定性的讨论，例如："碳酸不稳定，容易分解生成二氧化碳和水"（人教版九年级化学上册，p.113），"碳酸钠很稳定，受热不易发生分解；碳酸氢钠不稳定，受热容易分解"（人教版高中化学必修第一册，p.37），稀有气体"化学性质很不活泼"（人教版九年级化学上册，p.29），以及"烷烃比较稳定，与强酸、强碱或高锰酸钾等强氧化剂不发生反应。但物质的稳定性是相对的，在特定条件下，烷烃也会发生某些反应"（人教版高中化学必修第二册，p.64）等。这些例子中其实涉及两种不同类型的稳定性，即热稳定性与非热稳定性。前者指仅由物质本身的性质决定的稳定性，后者则指由物质本身的性质和与之反应的物质的性质所决定的稳定性（如酸碱稳定性、氧化还原稳定性、耐腐蚀性等）。

对于无机化合物来说，热稳定性是指该化合物在一定的温度下分解或转化成其他物质（包括单质或简单化合物）的难易程度，故它是一个属于热力学范畴的概念。相应地，可以用反应的自由能变化 ΔG 的大小来判断，也可以用反应平衡温度的高低进行判断（平衡时，$\Delta G = 0$，$T = \dfrac{\Delta H}{\Delta S}$）。例如，根据 $MgCO_3$、$CaCO_3$ 与 $BaCO_3$ 三者的 ΔG（依次为 66.8kJ/mol、130.2kJ/mol、217.6kJ/mol）或分解反应平衡温度 T（依次为 693K、1107K、1594K），可以判断它们的热稳定性逐渐增强。对于同一类型的化合物（如 HF、HCl、HBr 与 HI），由于它们的熵变都比较接近，所以还可以用标准生成焓（$\Delta_f H^{\ominus}$）代替 ΔG 判断化合物的热稳定性。例如 HF、HCl、HBr 与 HI 的分解反应的 ΔG 依次为 -271kJ/mol、-95kJ/mol、-53kJ/mol、1.3kJ/mol，四者的 $\Delta_f H^{\ominus}$ 依次为 -269kJ/mol、-92.32kJ/mol、-36.2kJ/mol、25.9kJ/mol，因此可判断它们的热稳定性顺序为 HF＞HCl＞HBr＞HI。

然而，化合物的热稳定性是有条件的。不同条件下化合物的热稳定性的比较可能会出现相反的情况。例如，在 298K 时，Na_2O_2 与 Na_2O 的标准生成焓分别为 -510.87kJ/mol 和 -414.2kJ/mol，金属钠与氧气反应生成 Na_2O_2 放出的能量比生成

Na_2O 放出的能量多，说明 Na_2O_2 比 Na_2O 稳定。但当温度高于 1200 K 时，$Na_2O_2(s)$ 能自发分解生成 $Na_2O(s)$ 与 $O_2(g)$，说明当温度高于 1200K 时，Na_2O 比 Na_2O_2 稳定。

单质的热稳定性比较主要有两种情况。一种是同素异形体热稳定性的比较，如白磷（$\Delta_f H^{\ominus} = 0$）与红磷（$\Delta_f H^{\ominus} = -17.6 kJ/mol$）、金刚石（$\Delta_f H^{\ominus} = 1.987 kJ/mol$）与石墨（$\Delta_f H^{\ominus} = 0$）的热稳定性的比较等，该类同素异形体热稳定性的比较可以用该单质的标准生成焓进行比较，生成焓数值越小说明该单质越稳定（该比较标准也适用于同质异晶类物质的热稳定性比较），如在 298K 时，红磷比白磷稳定，石墨比金刚石稳定。另一种是单质双原子分子热稳定性的比较，该类物质的热稳定性可以用键的解离能比较。单质双原子分子所含共价键的键能越大，该分子的热稳定性越强。例如，氮气分子与氧气分子的键能分别为 946kJ/mol 与 498kJ/mol，故可据此判断氮气比氧气的热稳定性更好。再如，F_2、Cl_2、Br_2 与 I_2 四种卤素单质分子的键能依次为 158kJ/mol、243kJ/mol、193kJ/mol 与 151kJ/mol，由此可判断卤素单质的热稳定性顺序为 $Cl_2 > Br_2 > F_2 > I_2$。然而，这四种单质与氢气发生化合反应的"活性"大小依次为 $F_2 > Cl_2 > Br_2 > I_2$。因此需要区分的是，反应物或生成物的热稳定性表明反应进行的趋势，是与热力学有关的问题；反应活性的大小某种意义上可理解为反应速率的大小，是与动力学有关的问题，即二者并不一定是一一对应的关系。

功能价值

作为物质性质类的概念，"热稳定性"有助于学生发展关于元素化合物"稳定性"的认识思路。九年级化学上册教材对二氧化碳的制取研究中，通过强酸制弱酸的原理制备碳酸，并且利用碳酸的不稳定性来制备二氧化碳，初步了解碳酸的不稳定性导致碳酸分解。九年级化学下册教材则通过乳浊液的形成和乳化现象的实验步骤，解释乳浊液的不稳定性。类似的稳定性概念学习，深化对物理变化和化学变化的理解。深入到高中阶段的学习，从无机物的学习拓展到有机物的学习，试图从微观结构的本质来解释物质热稳定性与其内在结构的关系，有助于强化"结构决定性质"或"宏微结合"的学科思维方式。譬如，物质的稳定性常被认为与原子结构以及化学键、分子间作用力（范德华力和氢键）有关。譬如，金刚石与石墨均由碳原子构成，但原子结构不同，导致石墨的键能比金刚石要大。石墨有层间范德华力，而石墨的层内共价键比金刚石的共价键要短，能量高，因此相对更加稳定。另外，在高中阶段的学习中，教师需引导学生认识"稳定性"的相对性，从而强化"变化是绝对的"与"变化是有条件的"等化学变化观。譬如，烷烃虽然稳定，但是在特定条件下也能发生某些反应（如甲烷在光照条件下可与氯气发生取代反应）。此外，"热稳定性"概念也较好体现了化学价值观，如：碳酸的不稳定性能实现生活中碳酸饮料的制作；石墨的热稳定性留下了古代书画的精髓；甲烷的热稳定性使得西气东输得以实现。

学习任务

● 请用概念图表示并说明"热稳定性"与"焓变""键能"之间的关系。

● 请与小组同伴一起梳理中学化学阶段与"热稳定性"有关的知识点。

● 请与同伴小组讨论"热稳定性"概念的学科认识功能。

第 4 章
"物质变化" 类核心概念

- 物理变化、化学变化
- 电离
- 离子反应
- 氧化还原反应
- 有机反应

4.1 物理变化、化学变化

本原内涵

【物理变化】（physical change）、【化学变化】（chemical change）

人教版化学九年级上册（p.7）中实验栏目为探究"水的沸腾、胆矾的研磨、石灰石与盐酸反应"的实验，并记录实验中变化前后的物质、变化时发生的现象，进一步分析变化后有无新物质生成，分别引出"物理变化"与"化学变化"的定义——"没有生成其他物质的变化叫做物理变化"与"生成其他物质的变化叫做化学变化，又叫做化学反应"。接着，教材通过总结"化学变化的基本特征是有其他物质生成，常表现为颜色改变、放出气体、生成沉淀等"，同时还从能量的角度说明"化学变化不但生成其他物质，而且还伴随着能量的变化，这种能量变化常表现为吸热、放热、发光等"，帮助学生基于现象判断物质是否发生了化学变化。最后，教材还着重分析了两个概念的关系，即在物质发生化学变化的过程中，会同时发生物理变化，以帮助学生理清物质发生反应时伴随的变化。

然而，判断变化过程中是否有新物质生成并不容易，尤其从学科本原来看，需要从物质的组成、结构以及构成物质的微粒间作用力是否变化来综合分析。诚然，对于上述"颜色改变、放出气体、生成沉淀"等具有明显特征的变化，如活泼金属与酸或盐的反应、大多数电解质（酸、碱、盐）溶液之间的离子反应、金属与氧气的反应等，它们所生成的新物质一般具有不同的元素组成，因此较易识别"有新物质生成"。然而，对于同素异形体之间的转化（如氧气与臭氧、石墨与金刚石、白磷与红磷等）、同分异构体之间的转变（如烯醇转化为醛、顺反异构体的互变等）等变化，虽然所形成或变成的物质的组成元素并未发生变化，但这些元素的原子排列或连接方式发生了变化，从而导致物质的结构发生变化。因此，所形成或变成的物质可理解为"新物质"。

另外，物质在结构上的变化从本质上来说是构成物质的微粒间相互作用力发生了变化，也通常被理解为旧化学键的断裂与新化学键形成的过程。有时，物质在不同聚集状态之间的变化过程并非只是简单的物理变化。譬如，在水的三态变化过程中，水分子并未变化，变化的只是水分子之间的作用力——固态时水分子之间的间隔比较小，分子间作用力（氢键和范德华力）较强，当其受热时，所吸收的能量克服了分子间作用力导致分子间的间隔变大，发生液化或气化，生成液态或气态水，但整个过程仍为物理变化。然而，对于固态铁到液态铁的变化过程却涉及化学变化——在该变化过程中，虽然铁原子没有变化，但铁原子之间的间隔与相互作用力均发生了变化。在固态铁中铁原子之间通过金属键相结合，但在高温下固态铁发生原子化作用转变为气态，气态时铁原子之间的间隔变大，铁原子之间仅存在分子间作用力，即这一变化过程中涉及微粒间作用力的变化，故不能将其简单视为物理变化。再如，固态时三氧化硫分子中的 S 原子用 sp^3 杂化轨道与 O 原子形成 4 个 σ 键（也有观点认为 S 原子的 d 轨道也可参与成键），而气态时三氧化硫分子中的 S 原子则以 sp^2 杂化轨道与 O 原子形成 3 个 σ 键和一个离域 π 键，即三氧化硫在从固态变为气态的过程中存在化学键的断裂与形成，因而该变化过程属于化学变化。

功能价值

物理变化与化学变化的概念是从"变化观"的角度切入，以有无新的物质生成为判断依据，区分反应是物理变化还是化学变化，而在物质发生化学变化的过程中，会同时发生物理变化，学生在分析反应变化的过程中可以发展对立统一思想，既能区分物理变化与化学变化的特征，又能知道化学变化中伴随着物理变化。

对"物理变化"与"化学变化"概念的理清过程，也是学生从宏观、微观两个层面理解变化的过程。学生从宏观角度辨识变化过程中是否有新物质生成；进一步从微观角度探析原子是否重新排列或连接，尤其从构成物质微粒之间的相互作用是否发生变化来判断——这也非常有助于发展学生的"宏观辨识与微观探析"学科核心素养。另外，梳理两个概念之间的关系有助于学生更好地理解"物理性质"与"化学性质"概念，尤其能帮助其在后续学习中更深入地从分子、原子、官能团、微粒间相互作用（包括化学键、氢键、范德华力）等微观层面认识物质（包括无机化合物与有机化合物）的性质及其变化。

学习任务

- 请用概念图表示并说明"物理变化""化学变化""分子""原子"和"微粒间相互作用"等概念之间的关系。

- 请与同伴小组讨论"物理变化"与"化学变化"概念的学科认识功能。

- 如何设计初高中阶段"化学变化"内容进阶的教学？

4.2 电 离

本原内涵

【电离】 （ionization）

2019 年人教版必修第一册将电离定义为"电解质溶于水或受热熔化时，形成自由移动的离子的过程"（p.15）。类似地，鲁科版必修第一册将其定义为"像氯化钠这样，溶于水或受热熔化时解离成能够自由移动的离子的过程"（p.52）。不难看出，两种定义均强调电离是一种产生离子的过程，尤其强调产生离子的条件。譬如，两版教材均采用氯化钠在水溶液与熔融状态两种条件下发生电离的例子帮助学生理解电离这一过程。这较好地呼应了《普通高中化学课程标准》（2017 年版 2020 年修订）中"认识酸、碱、盐等电解质在水溶液中或熔融状态下能发生电离"这一内容要求"。

然而，高一学生对"电离"概念的理解仍存在不少迷思概念。譬如，教材中提及氯化钠溶液在通电条件下导电，有些学生可能会据此误认为氯化钠电离需要在通电作用下才能发生。实际上，氯化钠在水分子的作用下电离出自由移动的离子，电离的效应是使离子发生迁移（甚至发生电极反应）。因此，电离不需要通电条件就能完成。另外，也有学生将电离过程简单理解为化学变化，如结合 KCl 的电离方程式认为由于 KCl 在水溶液中产生了 K^+ 和 Cl^- 两种符号与 KCl 不同的离子，据此判断"有新物质生成"。

因此，有必要对"电离"这一概念的本原进行更深入的讨论。根据 1887 年 Arrhenius 所提出的电离学说，电离可理解为在溶剂的作用下，电解质在溶液中自动解离成带电质点（离子）的过程。与此同时，正、负离子不停地运动，相互碰撞时还可结合为分子，故不同电解质具有不同的电离程度。对于水溶液体系中的电离，需要考虑溶质与溶剂之间、溶质电离所形成的离子之间的作用以及溶液的浓度。一方面，从离子水合概念来看，溶液中离子周围有相当量的结合水和次级结合水，具体可参考人教版必修第一册中"NaCl 固体在水中的溶解和形成水合离子示意图"（p.14）。对于高浓度电解质水溶液，由于水合作用消耗了较多的水，减少了作为溶剂的自由水分子，使得实际离子浓度增大。另一方面，根据 Debye 和 Hückel 所提的强电解质理论与"离子氛"理论可知，电解质在水溶液中虽已"完全"电离，但因为带相反电荷离子之间的相互吸引，致使离子的行动并非完全自由。如在正离子周围聚集了较多的负离子，在负离子周围则聚集了较多的正离子。

功能价值

　　"电离"概念有助于帮助学生从微粒的角度认识物质在不同状态下的存在形式，是发展学生微粒观、变化观的重要途径。以电解质的电离为例，学生结合电解质在水溶液或熔融状态下的宏观导电实验，分析电解质发生电离的微观实质，感受和理解微观粒子在水溶液和导电环境下的相互作用，从而有利于其微粒观、变化观的发展。

　　另外，"电离"为"电解质""非电解质""强电解质"与"弱电解质"等概念的学习奠定认识基础，同时也有助于强化学生对物质分类的认识。譬如，学生需要结合"水溶液"与"受热熔化"两种情况分析物质的导电性或导电能力，尤其从微观角度理解给定体系中的微粒种类及其相互作用，从而为学习离子反应、电离平衡、盐类水解平衡、沉淀溶解平衡等知识打下基础。

学习任务

● 请用概念图表示并说明"电离""电解质""强电解质""弱电解质""离子"与"离子反应"等其他概念之间的关系。

● 请与同伴小组讨论"电离"概念的学科认识功能。

● 请简述你将如何使用人教版必修第一册中"NaCl 固体在水中的溶解和形成水合离子示意图"（p.14）与"NaCl 导电示意图"（p.15）帮助学生理解电离的本质。

4.3 离子反应

4.3　离子反应

本原内涵

【离子反应】（ionic reaction）

2019 年人教版必修第一册先介绍了电解质〔"在水溶液里或熔融状态下能够导电的化合物"（p. 13）〕与电离〔"电解质溶于水或受热熔化时，形成自由移动的离子的过程"（p. 15）〕两个定义，再设置实验〔"向盛有 2 mL Na_2SO_4 稀溶液的试管中加入 2 mL $BaCl_2$ 稀溶液"（p. 16）〕分析讨论离子反应的实质，在正文部分（p. 17）阐述了"离子反应"概念的定义："电解质在溶液中的反应实质上是离子之间的反应，这样的反应属于离子反应。"在正文部分（p. 18）提出以离子互换形式进行的复分解反应也属于离子反应，这类离子反应发生的条件是复分解反应发生的条件，即生成沉淀、放出气体或生成水，最后补充"有离子参加的置换反应"也属于离子反应。

2019 年鲁科版必修第一册对"离子反应"的内容编排顺序与 2019 年人教版必修第一册相类似，通过设置实验"稀硫酸与 $Ba(OH)_2$ 溶液反应的实质"（p. 55）分析离子反应中离子浓度的变化，在正文部分（p. 56）阐述"离子反应"概念的定义："在溶液中有离子参加的化学反应称为离子反应。电解质溶液之间发生的化学反应都是离子反应。"同样也提出"酸、碱和盐在溶液中所发生的复分解反应实质上是一种离子反应"，与人教版不同的是，本教材强调了反应发生的条件是离子的浓度减小。

2019 年鲁科版选择性必修 1《化学反应原理》再次阐述了"离子反应"概念的定义："通常将溶液中离子之间以及离子与原子或分子之间发生的反应称为离子反应"（p. 120）。教材进一步阐述离子反应发生的条件："如果离子之间能结合生成沉淀、弱电解质或气体（挥发性物质），或者离子参与氧化还原反应，使溶液中某种或某些离子浓度降低，这时离子反应就会发生。"

功能价值

"离子反应"的功能价值在于发展学生的微粒观，即从水溶液中微粒及微粒间相互作用的视角认识物质及其变化。第一，对物质及其变化认识的拓展和深化。第二，认识物质及其变化的角度的转变，初步建立分析水溶液中电解质反应的思路和方法。第三，以知识的应用如离子的检验、除杂等问题为载体，以"分析水溶液中电解质反应的思路和方法"为认识工具，运用"离子反应"知识分析、解决实际问题。另外，离子反应作为核心概念，它与"电离""电解质""离子方程式"等概念均有紧密联系（如图 4-1 所示）。

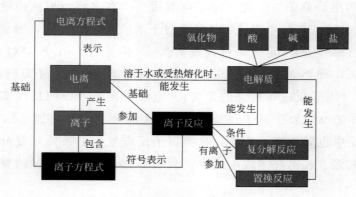

图 4-1 "离子反应"核心概念图

人教版高中化学必修第二册中学生在学习了电解质及其电离之后，通过实验事实认识离子反应的概念，并初步总结离子反应发生的条件，学生从微观角度认识酸、碱、盐在水溶液中发生的复分解反应，其实质上是两种电解质在溶液中相互交换离子的反应。此时学生会狭隘地认为离子反应就是"离子之间的反应"，即反应物必须都是能够电离的电解质，如 Na_2SO_4 和 $BaCl_2$。但教材又提及除了离子互换形式进行的复分解反应，离子反应还有其他类型，即"有离子参加的反应"，如 Zn 与稀 H_2SO_4 的反应。但是学生还是没有理解离子反应的本质。实际上，离子反应的本质是"有离子浓度变化的反应"，如 Na 与 H_2O 的反应，虽然反应物不能改写成离子，但是作为生成物的离子（即钠离子与氢氧根离子）的浓度发生了变化。

此外，离子反应方程式的书写四步法"写、拆、删、查"分别培养了学生的性质思维、分类思维、变化思维和守恒思维。

第一步："写"即写出符合客观事实的化学方程式，体现了性质思维。

第二步："拆"即把易溶于水且易电离的物质（如强酸、强碱和大部分可溶性盐）写成离子形式，难溶的物质、气体和水等仍用化学式表示，体现了分类思维。

第三步："删"即删去方程式两边浓度不发生变化的离子，体现了变化思维。

第四步："查"即检查离子方程式两边各元素的原子个数和电荷总数是否相等，体现了守恒思维。

⬤ 学习任务

- 请用概念图表示并说明"离子反应""离子方程式""离子""电离"与"电解质"概念之间的关系。

- 请与同伴小组讨论"离子反应"与"离子方程式"概念的学科认识功能。

- 高中阶段可如何引导学生认识"离子反应"？

- 如何设计初高中阶段"离子反应"内容进阶的教学？

4.4　氧化还原反应

本原内涵

【氧化还原反应】（redox reaction）

2012 年人教版九年级化学上册第二单元课题 2 先是通过实验探究氧气与磷、硫、铁三个反应的共同特点，将"氧化反应"定义为（p. 35）："它们都是物质与氧气发生的反应。这类反应属于氧化反应。氧气在氧化反应中提供氧，它具有氧化性。"在同册第六单元课题 1 中，以氧化铜和木炭的反应为例，氧化铜失去氧而变成铜单质，阐述了"还原反应"的含义（p. 113）："这种含氧化合物里的氧被夺去的反应，叫做还原反应。木炭是使氧化铜还原为铜的物质，它具有还原性。"

2019 年人教版必修第一册以"思考与讨论"模块联系初中学过的氧化反应和还原反应的知识，通过例子分析反应中的得氧物质和失氧物质，进而给出氧化还原反应的概念（p. 20）："在化学反应中，一种物质得到氧发生氧化反应，必然有一种物质失去氧发生还原反应。也就是说，氧化反应和还原反应是在同一个反应中同时发生的，这样的反应称为氧化还原反应。"在具体的分析过程中，先是从元素价态变化的角度表明"反应前后有元素的化合价发生变化，是氧化还原反应的重要特征"，进而深入到微观角度进行分析，揭示了氧化还原反应的本质：氧化还原反应中一定存在着电子转移，有的是电子得失，有的是共用电子对偏移。

2019 年人教版选择性必修 3《有机化学基础》（p. 61）以"乙醇"的氧化反应实验为情境，体现了乙醇到乙醛再到乙酸的氧化过程，并给出有机化学中氧化反应和还原反应的定义："在有机化学反应中，通常把有机化合物分子中失去氢原子或加入氧原子的反应叫做氧化反应……与氧化反应相反，通常在有机化学反应中，有机化合物分子中加入氢原子或失去氧原子的反应是还原反应。"

2019 年苏教版高中化学必修第一册（p. 7）以初中阶段学习过的四大基本反应类型为导引，从分类视角根据化学反应中元素的化合价是否发生变化将化学反应重新进行分类，并以铁和硫酸铜溶液的反应为实例，将氧化还原反应从元素价态角度定义为："像这样有元素化合价发生变化的反应，称为氧化还原反应（oxidation-reduction reaction）。而元素化合价不发生变化的反应，称为非氧化还原反应。"

2019 年鲁科版必修第一册（p. 64）先从特征上概括出氧化还原反应的定义："在反应过程中有元素化合价变化的化学反应称为氧化还原反应。在反应过程中没有元素化合价变化的化学反应则不属于氧化还原反应。在氧化还原反应中，反应物所含某种（或某些）元素化合价升高的反应称为氧化反应；反应物所含某种（或某些）元素化合价降低的反应称为还原反应。"进而从实质上阐述氧化还原反应（p. 65）："研究表明，所有的氧化还原反应中都存在着电子转移，电子转移是氧化还原反应的实质。元素化合价的变化是电子转移的外在表现，可以通过分析反应中是否有元素的化合价发生变化来判断某个反应是否属于氧化还原反应。"

大学《无机化学》教材更多倾向于从微观本质，即电子转移的角度阐述氧化还原反应，由氧化还原理论引出原电池、电解池等知识体系，将氧化还原反应与电化学紧密结合，与"电动势""电极电势"等概念相互联系，突出氧化还原反应的实际应用价值。

例如，章伟光《无机化学（第二版）》教材中（p. 201）提出"人们认识到还原反应是得到电子的反应，氧化反应是失去电子的反应，氧化与还原必然是同时发生的"，进而将氧化还原反应定义为："把这样一类有电子转移（或得失）的反应称为氧化还原反应。"另外，北京大学《普通化学原理（第 4 版）》教材（p. 196）将该反应定义为："凡涉及有电子转移或偏移的反应就是氧化还原反应，这些电子若能顺一定方向运动便成电流。"

功能价值

氧化还原反应是中学阶段的核心概念之一，贯穿于整个中学化学学习过程，从初中到高中在不同阶段对氧化还原反应这一概念的认识也在不断深化，初中阶段基于物质（氧气）角度和氧元素角度分别学习氧化反应、还原反应；高中必修阶段基于元素化合价角度和电子转移角度统整起氧化还原反应的定义；必修和选择性必修中电化学内容从电子转移结合能量视角，思考化学能与电能的转化，电池中的正负极、电解池中阴阳极、电化学腐蚀和金属防腐的诸多原理均是对氧化还原反应知识体系的应用；选择性必修阶段有机模块的内容再次从微粒（原子）的角度认识氧化还原反应，加氧（原子）失氢（原子）是氧化，加氢（原子）失氧（原子）为还原。这一概念在不同学段的呈现符合认知规律，且呈现层级性的发展，即从物质视角向元素视角再向微粒视角逐步进阶（如图 4-2 所示）。

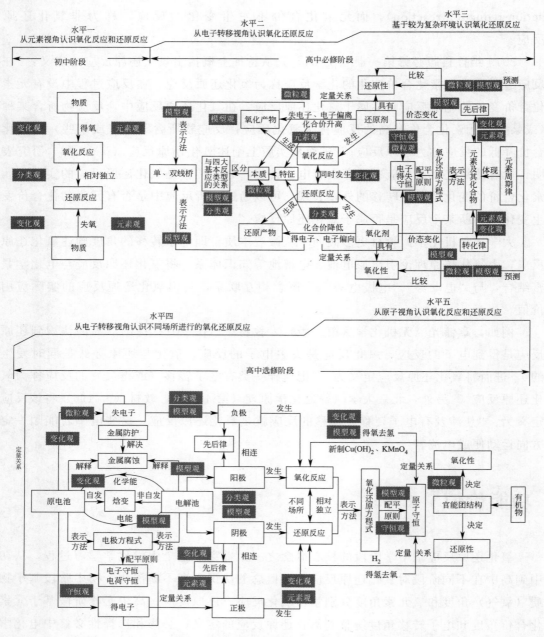

图 4-2 "氧化还原反应"知识进阶图

氧化还原反应作为统摄中学化学知识的核心概念之一，除知识本身外更重要的是学生在学习此概念后能扩展认识反应的视角。在各阶段均有与氧化还原反应相关的大量概念（如表 4-1 所示）。而许多概念的学习对于学生化学学科思维和观念的培养均起着重要作用。例如在初中阶段，将"氧气"作为燃烧三要素之一，结合氧化反应的定义，学生能初步认识到燃烧作为一种氧化反应可放出热量，化学反应与热能之间存在关联，渗透能量观。在高中电化学的学习中，学生通过对氧化还原反应本质的学习，从电子转移的角度认识氧化还原反应，亦可联想到化学能与电能的相互转换。从整个中学化学知识体系来看，不难发现氧化还原反应所承载的学科观念价值是极其丰富的，包括分类观、微粒观、变化观、模型观、能量观、元素观、化学价值观等。

表 4-1 "氧化还原反应"各学段涉及概念

学段	概念	作用
初中阶段	原子结构,最外层电子,元素化合价,氧化反应和还原反应(得失氧元素角度),四大基本反应类型	为本质的学习打基础
高中必修阶段	氧化还原反应、反应物(氧化剂和还原剂)、反应产物(氧化产物和还原产物)、反应类型(氧化反应和还原反应)、物质性质(氧化性、还原性)、表征方法(单、双线桥)、守恒规律	体现氧化还原本质
高中选修阶段	原电池、电解池、参与反应的电极、金属的腐蚀(电化学腐蚀)、金属的防护	实际应用和拓展

除知识本身和其承载的观念、思维方式方法等，氧化还原反应尤为注重概念的迁移应用。在元素化合物知识的学习中，元素价态是重要的认识视角，而元素价态是否变化也是氧化还原反应的特征。学生通过具体物质中元素价态的分析，能对该物质的性质有初步预测，例如氢氧化亚铁，通过分析其中铁呈＋2价处于中间价态，可预测其同时具有氧化性与还原性，由此可以指导含相同元素不同价态的物质之间的转化。在电化学模块中涉及的各个概念也是氧化还原反应在具体电化学模型中的应用（见图4-3），如正极、阴极均是得到电子发生还原反应。

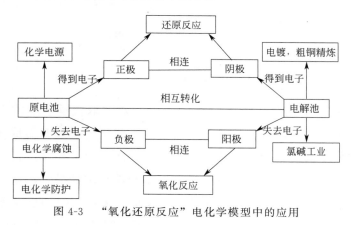

图 4-3 "氧化还原反应"电化学模型中的应用

学习任务

● 请用概念图表示并说明"氧化还原反应"及其相关概念之间的关系。

● 请与同伴小组讨论"氧化还原反应"概念的学科认识功能。

● 如何设计初高中阶段"氧化还原反应"内容进阶的教学？

4.5　有机反应

本原内涵

　　高中化学阶段有机反应类型共五种，如图 4-4 所示，其中本小节包含取代反应、加成反应和消去反应三个核心概念，氧化反应和还原反应已在前面详细介绍，此处不再赘述。

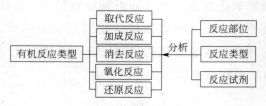

图 4-4　有机反应的类型

【取代反应】（substitution reaction）

　　2019 年人教版高中化学必修第二册（p. 65）对"取代反应"的定义为"有机物分子里的某些原子或原子团被其他原子或原子团所替代的反应叫做取代反应"。譬如，必修中提出甲烷分子与氯气分子的反应，选择性必修 3 中未提及取代反应的定义而是直接列举具体反应，例如，乙醇与钠的反应，苯与溴、浓硝酸、浓硫酸的反应，溴乙烷与氢氧化钠水溶液的反应，乙醇与氢溴酸的反应，苯酚与溴的反应等。2019 年鲁科版必修第二册教材（p. 82～83）将甲烷与氯气在光照的条件下反应放在"交流・研讨"栏目，关注反应中化学键的变化，并对取代反应有同样的定义，具体表述为"有机化合物分子里的某些原子（或原子团）被其他原子（或原子团）代替的反应叫作取代反应"。在 2019 年鲁科版选择性必修 3 对取代反应的定义表述基本与必修教材相一致。2019 年苏教版必修第二册教材（p. 58）同样是以甲烷与氯气反应为例引入取代反应的定义，定义的表述与人教版和鲁科版教材基本一致，不同的是苏教版教材书写甲烷与氯气的反应时采用结构简式，并没有明显指出化学键的变化。

　　取代反应可以分为亲核取代反应和亲电取代反应。在大学教材（《有机化学（第五版）上册》，李景宁，p. 253）中，给出亲核取代反应的定义："这些能产生……负离子的试剂（如 NaOH，NaOR，NaCN 等）和具有未共用电子对的分子（如 NH_3 等）称为亲核试剂。由亲核试剂引起的取代反应称为亲核取代反应"。而亲电取代反应可被定义为"所谓芳香亲电取代是指亲电试剂取代芳核上的氢"（《基础有机化学（第三版）上册》，邢其毅等，p. 461）。在上述列举的反应中，苯与溴、浓硝酸、浓硫酸的反应，苯酚与溴的反应就是亲电取代反应，而乙醇与钠的反应、溴乙烷与氢氧化钠水溶液的反应、乙醇与氢溴酸的反应则为亲核取代反应。而亲电取代反应的本质是首先产生亲电试剂（一般为阳离子或者有空轨道的路易斯酸），然后亲电试剂与底物发生加成反应，最后通过消去反应恢复芳香体系。以苯与浓硝酸的反应为例，介绍如下。

① 产生亲电试剂 NO_2^+。

$$HO-NO_2 + 2H_2SO_4 \rightleftharpoons 2HSO_4^- + H_3O^+ + NO_2^+$$

② 亲电加成，然后消除（只有通过消除反应才能恢复芳香体系，才能使体系能量降低）。

若亲电加成后继续发生加成反应，则获得的产物能量较高，变得不稳定。

亲核取代反应的本质是亲核试剂进攻饱和碳原子，使得饱和碳原子的基团成了离去基团离去。亲核试剂可以是负离子或带孤对电子的中性分子。其中，亲核取代反应按照反应机理中单分子或者双分子发生反应，还可以分为 S_N2 反应和 S_N2 反应。像伯醇一般发生 S_N2 反应，像仲醇、叔醇一般发生 S_N1 反应。

【加成反应】（addition reaction）

2019 年人教版必修第二册（p. 68）将加成反应定义为"有机物分子中的不饱和碳原子与其他原子或原子团直接结合生成新的化合物的反应"。譬如必修教材中提出乙烯与溴、氯气、氢气、氯化氢和水的反应。同样地在选择性必修 3 中也没有提及加成反应的定义，而是直接列举不同有机物能发生的具体加成反应，如乙炔与溴、氯气、氢气、氯化氢和水的反应，苯与氢气的反应，乙醇在浓硫酸的作用下加热到 170℃ 的反应，乙醛与氢气的反应，乙醛与氰化氢的反应，丙酮与氢气的反应。2019 年鲁科版必修第二册教材（p. 93）基于乙烯与溴的反应给出加成反应的定义："像乙烯与溴的反应这样，有机化合物分子中双键上的碳原子与其他原子（原子团）

直接结合生成新的化合物分子的反应属于加成反应。"2019 年鲁科版选择性必修 3
对加成反应的定义表述为"加成反应是有机化合物分子中不饱和键两端的两个原子
与其他原子或原子团结合，生成新的有机化合物的反应"，可以发现定义中"不饱
和键"是对"双键"进一步概括总结。2019 年苏教版必修第二册教材（p. 63）指
出碳碳双键、三键均能发生加成反应，并给出加成反应的定义为"有机物分子中双
键（或三键）连接的碳原子与其他原子或原子团直接结合生成新的化合物的反应，
叫作加成反应"。

　　大学教材（《有机化学（第五版）上册》，李景宁，p. 55）定义加成反应是烯烃的
典型反应，具体表述为"在反应中 π 键断开，双键所连的两碳原子和其他原子或原子
团结合，形成两个 σ 键，这种反应称为加成反应"。对于加成反应，还可以分为亲核
加成反应和亲电加成反应。上述列举的反应中，像乙醛与氢气的反应，乙醛与氰化氢
的反应，丙酮与氢气的反应就是亲核加成反应，而像乙烯与溴、氯气、氢气、氯化氢
和水的反应，乙炔与溴、氯气、氢气、氯化氢和水的反应则为亲电加成反应。

　　亲电加成反应是指含有碳碳双键、碳碳三键的分子因 π 键的存在，易受亲电试剂
进攻发生异裂，进行离子型加成。以乙烯与溴的反应为例，溴分子解离成溴正离子和
溴负离子。溴正离子进攻碳碳双键中的碳原子，形成溴鎓离子。然后溴负离子可从正
面、背面进攻溴鎓离子，加成得到产物。

　　亲核加成反应是指碳氧双键中，氧原子的电负性较强，吸电子能力较强，呈负电
荷，而碳原子呈正电荷，其中碳原子易受亲核试剂的进攻，发生反应。譬如，乙醛与
氰化氢的反应中，氰根作为亲核试剂进攻醛基中的碳原子，反应生成 2-羟基丙腈。

【消去反应】（elimination reaction）

　　2019 年人教版高中化学选择性必修 3《有机化学基础》（p. 54）对"消去反应"
的定义为"有机化合物在一定条件下，从一分子中脱去一个或几个小分子（如 H_2O、
HX 等），而生成含不饱和键的化合物的反应叫做消去反应（消除反应）"。譬如，溴
乙烷与强碱（如 NaOH、KOH）的乙醇溶液反应。鲁科版选择性必修 3 以乙醇制备
乙烯为例引入消去反应的定义，认为"在一定条件下，有机化合物脱去小分子物质
（如 H_2O、HBr 等）生成分子中有不饱和键的有机化合物的反应叫作消去反应"。

　　大学教材（《有机化学（第五版）上册》，李景宁，p. 254）中将其命名为消除反
应，并以例子的方式呈现定义："由卤代烷分子在碱的作用下脱去一分子卤化氢而生
成烯烃，这种类型的反应称为消除反应。"消去反应，按照反应机理中单分子或者双
分子发生反应，还可以分为 E1 消去反应和 E2 消去反应。上述列举的反应中，像溴乙
烷与强碱（如 NaOH、KOH）的乙醇溶液反应就是 E2 消去反应。E2 消去反应的立
体化学为反式共平面。

从学生的认识过程角度来看，从高中必修阶段认识了解取代、加成等有机基本反应类型再到选修阶段从物质结构特点认识反应本质，"结构决定性质，性质反映结构"的线索贯穿其中，可以体会到官能团、化学键的极性和饱和性对有机化合物性质和反应类型的决定作用。此外，可以引导总结反应类型规律，说明和预测有机化合物的性质，形成认识有机化合物一般思路，以达到对其螺旋上升式的认识。理解有机反应类型的另一重要学科价值可以为后续有机合成设计打下坚实的基础，也可以为实现有机物之间相互转化提供思路。通过认识大量的有机反应建立起对反应的多角度认识模型，并应用模型进一步掌握有机合成的思路和方法。多角度认识有机反应是高中有机化合物主题的核心能力，其关键是要建立起对有机反应的核心认识角度，包括反应类型、反应物、试剂、条件、产物和反应现象，这些角度之间的相互推论关系就构成了对有机反应的认识思路，见图4-5。以取代反应为例，从化学键变化水平看，取代反应是一种饱和键变成另一种饱和键；从官能团变化水平看加成反应，官能团由碳碳双键变为碳碳单键。

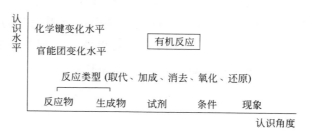

图 4-5　多角度认识有机反应思路模型

通过认识有机反应模型，学生可以从有机物的结构出发，预测该有机物能发生的反应类型，进而选取合适的反应试剂。反之，如果提及某种反应类型，学生可以从物质的结构和反应条件上判断，在哪个部位断键和成键，生成什么产物，这是学生深入研究和解决有机合成问题的基础。依据有机反应的认识角度建立预测有机化合物可能发生的化学反应认识模型，如图4-6所示。譬如，能发生取代反应的有机化合物分子中一般含有极性单键，如 C—H 键、C—O 单键；根据反应物的不同其反应试剂和条件也有所不同，发生取代反应的试剂一般为卤素单质、浓 HNO_3、浓 H_2SO_4、NaOH 的水溶液、HX、醇等。

形成结构决定性质的大观念是有机化合物主题中学生发展"宏观辨识与微观探析"素养的核心和关键。在必修阶段有机化学知识旨在引导学生对有机化学世界有初步的认识和了解，另外，新课标重视结构与性质的联系，形成系统性认识。有机化学

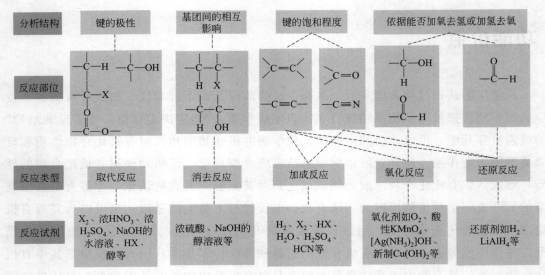

图 4-6　预测有机化合物可能发生的化学反应认识模型

认识模型的核心是"组成结构决定性质，性质决定用途"，取代反应属于有机物的性质，决定有机物分子能够发生这类反应的是其结构特点。从必修初识有机反应类型再到选修从键的极性解释反应原理，模型的表征和解释作用逐渐显化，学生的"模型认知"素养也得到了提升。总而言之，以典型反应为载体，引导学生通过掌握有机物基本性质和基本反应类型，建构"结构决定性质、性质决定用途"的核心观念，形成基于官能团、化学键及反应类型认识有机物的一般思路，把握解决有机化学核心问题（结构测定、性质推测、有机合成）的主要方法和路径。

学习任务

● 请结合其他核心概念，继续完善图 4-4。

● 应如何有效利用"有机反应"的学习发展学生的"结构决定性质"思想？

● 如何帮助学生理解"无机反应"和"有机反应""无机物"和"有机物"的定义区别？

第 5 章
"反应规律" 类核心概念

- 体系、环境
- 内能、化学能
- 焓变、反应热
- 原电池、电解池
- 自发性、可逆性
- 化学平衡
- 平衡常数
- 化学反应速率
- 基元反应、反应历程

5.1　体系、环境

【体系】（system）

2019 年人教版选择性必修 1《化学反应原理》中在介绍反应热的概念之前，引入了体系、环境概念（p. 4）。教材以盐酸和 NaOH 溶液反应为例（见图 5-1），将试管中的盐酸、NaOH 溶液及发生的反应等看作一个反应体系，简称体系（又称系统）。另外，教材在"化学反应的方向"一节中提到体系的类别：孤立体系和绝热体系。"孤立体系指与环境既没有物质交换也没有能量交换的体系；绝热体系是指与环境有物质交换但没有热量交换的体系"（p. 42）。2019 年鲁科版选择性必修 1《化学反应原理》则是在"化学反应的反应热"穿插了知识卡片，将体系定义为："人为划定的研究对象（物质系统）称为体系……当我们研究一个在密闭容器中进行的气体反应时，若将容器中的气体作为体系"（p. 3）。2019 年苏教版选择性必修 1《化学反应原

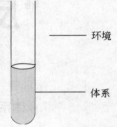

图 5-1　体系与环境
　　　示意图

理》中则是在介绍内能时，用脚注的形式解释体系概念："被研究的物质系统称为体系"（p.2）。

《普通化学原理》在内能与焓的讨论中用到了"体系"或"系统"与"环境"等概念，将体系定义为研究的对象，并指出，可根据需要划分，有一定的人为性，可以是实际的或想象的。另外，相较于中学教材，体系的分类更为完整，将体系分为开放体系、封闭体系、孤立体系。开放体系指与环境既有能量交换又有物质交换；封闭体系指与环境有能量交换但没有物质交换；孤立体系指与环境既没有能量交换也没有物质交换（p. 84）。

【环境】（surrounding）

2019 年人教版选择性必修 1《化学反应原理》中在介绍体系时，同时提出了环境概念（p. 4）。教材以盐酸和 NaOH 溶液反应为例（见图 5-1），将与体系相互影响的其他部分，如盛溶液的试管和溶液之外的空气等看作环境。2019 年鲁科版选择性必修

1《化学反应原理》则将环境定义为："体系以外的其他部分称为环境……研究一个在密闭容器中进行的气体反应时……容器和容器以外的空气等物质就是环境"（p. 3）。2019 年苏教版选择性必修 1《化学反应原理》中在介绍内能时，用脚注的形式解释环境概念："体系以外的其他部分称为环境或外界"（p. 2）。

功能价值

通过对比中学教材和大学教材发现，"体系"与"环境"概念的提出对能量的定量描述有着极其重要的作用。例如，在 2019 年人教版选择性必修 1《化学反应原理》中提到反应热可以通过量热计直接测定（p. 4）。如盐酸与 NaOH 溶液反应，盐酸、NaOH 溶液及发生的反应等看作一个反应体系，盛溶液的试管和溶液之外的空气等看作环境，可见体系与环境的界定是相对的。该反应过程中会放出热量，导致体系与环境的温度产生差异。在反应前后，如果环境的温度没有变化，则反应放出的热量就会使体系的温度升高，这时可以根据测得的体系温度变化和有关物质的比热容等来计算反应热。

此外，化学反应速率、化学平衡、化学反应的方向、水溶液中的离子反应与平衡以及电化学等原理知识的学习均需要紧扣"体系-环境"关系进行。譬如，在学习化学反应速率的影响因素时，需要从内因和外因两个角度综合分析反应物的性质、浓度、温度、压强、催化剂等因素对反应速率的影响；在运用"溶度积"概念解决多种重金属离子（如铁离子与铜离子）沉淀顺序问题时，需明确公式中的 OH^- 隶属于"体系"，而非某种金属离子。

学习任务

● 请用概念图表示并说明"体系""环境""能量"概念之间的关系。

● 请与同伴小组讨论"体系"与"环境"概念的学科认识功能。

● 如何设计初高中阶段"体系-环境"内容进阶的教学？

5.2 内能、化学能

本原内涵

【内能】（internal energy）

人教版高中化学选择性必修 1（p. 6）中通过分析化学反应为什么会产生反应热，介绍"内能是体系内物质的各种能量的总和，受温度、压强和物质的聚集状态等影响"。

鲁科版高中化学选择性必修 1（p. 4）中提出"内能是体系内物质所含各种微观粒子的能量总和。内能的大小除了与物质的种类、数量及聚集状态（即气态、液态或固态等）有关外，还与体系的温度、压强有关，因为上述因素都可以影响物质内部微观粒子的能量"。

苏教版高中化学选择性必修 1（p. 2）中则提到"对物质的量确定的体系而言，其中物质的各种能量的总和称为内能，它受温度、压强、物质的聚集状态和组成的影响。物质处于一定的状态，就具有一定的内能；状态发生改变，内能就会发生相应的变化。科学研究表明，物质内能的绝对值无法直接测得，但内能的变化可以通过变化过程中体系吸收（或放出）的热和对内（或对外）所做的功的形式表现出来"。

大学教材《物理化学》上册（p. 73）提到"热力学能（内能）是系统内部能量的总和，由于人们对物质运动形式的认识有待于继续不断深入探讨，认识永无穷尽。所以热力学能的绝对值是无法确定的。热力学能是系统自身的性质，只决定于其状态，是系统状态的单值函数，在定态下有定值。它的改变值也只决定于系统的起始和终了状态，而与变化的途径无关。对于简单的系统（例如，只含有一种化合物的单相系统），经验证明，在 p、V、T 中任选两个独立变数，再加上物质的量 n 就可以决定系统的状态"。

【化学能】（chemical energy）

人教版高中化学必修第二册（p. 33）分别从微观层面和宏观层面描述化学反应中能量（化学能）的变化。微观上，指出化学键的断裂与形成是化学反应中能量变化的主要原因。宏观上，指出各种物质都具有能量，物质的组成、结构与状态不同，所具有的能量也不同。

鲁科版高中化学必修第二册（p. 48）将化学反应中能量转化的过程定义为"'储存'在物质内部的能量转化为热能、电能或光能等释放出来的过程，或者是热能、电能、光能等转化为物质内部的能量被'储存'起来的过程"。化学能可简单视为储存在物质内部的能量。

苏教版高中化学必修第二册（p. 10）指出在化学反应中，反应物转化为生成物的同时，必然发生能量的变化。反应中化学能可以转化为热能、光能、电能等，热能、光能、电能等也可以转化为化学能。

在《普通高中化学课程标准》（2017 年版 2020 年修订）中明确要求学生知道"化学反应可以实现化学能与其他能量形式的转化"，但在中学教材和大学教材中，均未对"化学能"做出明确界定。结合内能与化学反应中能量变化的本质，化学能可以看作化学反应前后生成物的内能与反应物的内能的差，即反应体系内能的变化。值得注意的是，当体系从一种状态改变成另一种状态时，内能的改变可以通过热能、电能或光能等的一种或多种形式表现出来，但热能、电能、光能等均并非物质的基本能量属性，也不是一种具体的能量形式。因此，可将"化学能"理解为化学变化中所伴随的能量变化，它是一个过程性概念。

功能价值

新课标要求高中学生"知道内能受温度、压强、物质聚集状态的影响"。内能包含体系内分子运动的动能和分子势能，其中温度和压强是从环境的角度分析影响体系内分子动能进而影响内能大小。物质的聚集状态不同，分子间的距离不同则分子势能也不同，进而影响内能大小，另外，对于体系内反应的各物质的总量发生改变时，体系内能总量也会相应改变，由此看出体系内物质变化同样会导致内能改变。因此学生需要从体系与环境视角看待内能的变化。

中学阶段需要引导学生正确认识化学能与内能，尤其需要帮助学生基于能量的视角分析和解决化学问题。例如，化学反应中断裂旧的化学键需要吸收能量，形成新的化学键会释放能量，且能量可以以热能、电能、光能等形式表现出来，从而实现能量之间的相互转化。因此，可据此设计相应的反应装置（如原电池）以实现能量的转化与利用。此外，教师还可以在教学中引导学生树立科学的能量观，提升其对能源紧缺问题的重视程度，帮助其从系统调控的角度看待能量和能源，形成节约资源、保护环境的意识。

📖 学习任务

● 请用概念图表示并说明"能量""化学能""内能"概念之间的关系。

● 请与同伴小组讨论"化学能"与"内能"概念的学科认识功能。

● 如何设计初高中阶段"化学能与内能"内容进阶的教学？

5.3 焓变、反应热

本原内涵

【反应热】（heat of reaction）

2019 年人教版选择性必修 1（p. 4）在介绍了体系和环境之后，说明了反应热的定义："在等温条件下，化学反应体系向环境释放或从环境吸收的热量，称为化学反应的热效应，简称反应热。"这里的等温是"指化学反应发生后，使反应后体系的温度恢复到反应前体系的温度，即反应前后体系的温度相等"。类似地，2019 年鲁科版选择性必修 1（p. 2）中，也说明了反应热的定义："当化学反应在一定的温度下进行时，反应所释放或吸收的热量称为该反应在此温度下的热效应，简称反应热，通常用符号 Q 表示。反应吸热时，Q 为正值；反应放热时，Q 为负值。反应热的数据可以通过实验测得，也可以通过理论计算求得。"而在 2019 年苏教版选择性必修 1（p. 3）中，在第一单元第一节的开头，在"如何表示化学反应中放出或吸收的热？"这个问题之后说明了反应热的定义："在化学反应过程中，当反应物和生成物具有相同温度时，吸收或释放的热称为化学反应的热效应，也称反应热。"可以看出，三个版本的教材对反应热的定义均强调了反应前后温度不变（在鲁科版中的表达为"一定的温度"）这一限制条件，且对于"体系"的描述则不尽相同，人教版教材的反应热的定义中对"化学反应体系"进行了说明，而鲁科版教材和苏教版教材则是分别用"反应"和"反应物或生成物"与"体系"相对应。

傅献彩等主编的《物理化学》（第五版）上册将"化学反应的热效应"（即反应热）定义为："当系统发生了化学变化之后，系统的温度回到反应前始态的温度，系统放出或吸收的热量，称为该反应的热效应。（p.98）"可以看出，该定义与高中定义无明显差别（其中"系统"二字对应着"体系"），但在高中的基础上扩展了等压热效应与等容热效应的含义。

通常反应热不特别注明都是指等压热效应，即反应是在等压条件下进行的，而常用量热计（如用氧弹测定燃烧热）所测的热效应是等容热效应。且等压热效应 Q_p 与等容热效应 Q_V 间存在如下关系：

$$Q_p = Q_V + \Delta nRT$$

【焓变】（enthalpy change）

2019年人教版选择性必修1（p. 6）在探讨化学反应产生反应热的原因的时候，说明体系的内能（符号为 U）在反应前后发生了变化。同时，在科学研究和生产实践中，化学反应通常是在等压条件下进行的，为了描述等压条件下的反应热，需要引入一个与内能有关的物理量——焓（符号为 H），并说明了焓和焓变的含义。教材中给出的焓变定义为："在等压条件下进行的化学反应（严格地说，对反应体系做功还有限定，中学阶段一般不考虑），其反应热等于反应的焓变，用符号 ΔH 表示。ΔH 的常用单位是 kJ/mol（或 kJ·mol^{-1}）。"同时根据规定，当反应体系放热时其焓减小，其 ΔH 为负值，即 $\Delta H < 0$。当反应体系吸热时其焓增大，ΔH 为正值，即 $\Delta H > 0$。

2019年鲁科版选择性必修1（p. 5）中，在说明了大多化学反应都是在压强不变的条件下进行并将反应前后压强不变的反应称为等压反应之后，指出了等压反应中可能伴随反应体系体积的改变而产生体积功，因此说明了反应热不一定等于反应体系内能的变化。这之后，说明了焓的由来："经过长期研究，科学家定义了一个称为'焓'的物理量，符号为 H，单位为 J 或 kJ，用它的变化来描述等压反应的反应热。"同时，在段落旁的栏目给出焓的计算式：

$$H = U + pV$$

式中，U 为内能；p 为压强；V 为体积。

教材提及焓与内能一样受到多种因素影响之后，说明了在等压反应中，反应中物质的能量没有以电能、光能等其他形式的能量发生转化的情况下，反应的反应热等于反应前后体系的焓的变化，并给出了焓变的定义。相应的数学表达式为：

$$Q_p = \Delta H$$

式中，Q_p 为等压条件下化学反应的反应热；ΔH 为反应产物的焓与反应物的焓之差，称为反应的焓变。并用如下公式简单说明：

$$\Delta H = H(\text{反应产物}) - H(\text{反应物})$$

随后，教材说明了焓变与吸、放热反应的关系："如果 $\Delta H > 0$，即反应产物的焓大于反应物的焓，反应为吸热反应；若 $\Delta H < 0$，即反应产物的焓小于反应物的焓，反应为放热反应"。

2019年苏教版选择性必修1（p. 2）在第一单元开头部分介绍了内能的含义与影响因素后，说明了内能的绝对值无法直接测得，但是通过变化过程中体系吸收或放出的热和对内或对外所做的功的形式，可以表现出内能的变化。之后说明焓是一个与内能有关的物理量，用符号 H 表示。焓的数值变化称为焓变，即为 ΔH。

随后，教材在介绍完反应热的含义之后，说明了化学反应通常是在敞口容器中进行的，这时反应体系的压强与外界压强相等，即反应是在恒压条件下进行的。这个时候化学反应过程中吸收或释放的热即为反应的焓变，用 ΔH 表示，单位常采用 kJ/mol。

可以看出，人教版和鲁科版都说明了焓变是一种特殊条件（即等压条件）下的反应热，而苏教版虽然在焓变定义的同段落中定义了反应热，但随后对焓变的描述则为"……吸收或释放的热即为反应热"，稍有不准确。除此之外，与人教版与苏教版不同的是，鲁科版利用了更加本原化的内涵和与之相关的数学推导来给出相关定义。

傅献彩等主编的《物理化学》第五版上册（p.78）中对焓变的描述如下：假设系统在变化过程中只做膨胀功而不做其他功（即 $W_\mathrm{f} = 0$），$\Delta U = Q + W_\mathrm{e}$。同时由于不考虑其他功，因此习惯上将膨胀功写为 W，即 $\Delta U = Q + W$。

如果系统的变化是等容过程，则 $\Delta V = 0$，因此，$W = 0$，所以 $\Delta U = Q_V$。

如果系统的变化是等压过程时，即 $p_2 = p_1 = p_\mathrm{e} = p$。$U_2 - U_1 = Q_p - p(V_2 - V_1)$，则 $Q_p = (U_2 + pV_2) - (U_1 + pV_1)$，将 U 和 pV 合并考虑，其数值也只由系统的状态来决定（因为 U、p、V 都是由系统状态决定的），热力学上就把 $(U + pV)$ 定义为焓，用符号 H 表示。

大学教材中指出焓与热力学能一样都无法指出其绝对值，焓的定义更多是为了方便处理热化学问题，它本身没有确切的物理意义，不可将其误解为"系统中所含的热量"。

这之后，教材还指出，当系统在等压条件下，从状态 1 变到状态 2 时，根据先前的定义式可以得出 $\Delta H = H_2 - H_1 = (U_2 + pV_2) - (U_1 + pV_1) = Q_p$。

虽然系统的热力学能和焓的绝对值还无法知道，但是我们可以从系统和环境间热量的传递来衡量系统的热力学能和焓的变化值。在没有其他功的条件下，系统在等压过程中所吸收的热全部用于使焓增加，由于大部分的化学反应都是在等压条件下进行的，这让焓更有实用价值。

功能价值

《普通高中化学课程标准（2017 年版 2020 年修订）》中选择性必修部分对反应热和焓变提出以下的学习目标："认识化学能与热能的相互转化，恒温恒压条件下化学反应的反应热可以用焓变表示，了解盖斯定律及其简单应用，能进行反应焓变的简单计算，能用热化学方程式表示反应中的能量变化，能运用反应焓变合理选择和利用化学反应"。可以发现，从宏观角度上看，反应热这一概念涉及反应体系与环境间的能量释放与吸收，体现了"物质-能量"和"体系-环境"等关系；同时，反应热产生的原因是反应前后体系的内能发生变化，因此该部分体现了"变化-守恒"的学科思维。

另外，从微观角度分析，反应热与化学键的断裂紧密相关，在这一部分内容的学习过程中，学生的认识水平将实现从宏观辨识到微观探析的进阶，并逐步建立"化学键"与"能量"二者之间的关联。从整体来看，"反应热"是贯穿"化学反应与热能"这一主题内容的核心概念，如涉及反应热的定义和本质、焓变、燃烧热、中和热及其实验测定方法、盖斯定律等重要内容（见图 5-2）。

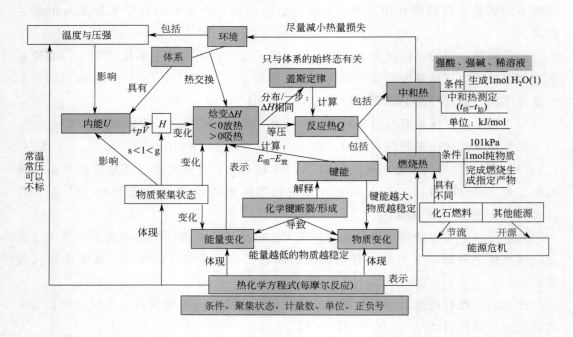

图 5-2 "反应热"核心概念图

焓变是对高中必修阶段学生学习的"化学能与热能"内容的延伸。在必修阶段，学生能从感性的角度认识到化学键断裂与形成是物质在化学反应中发生能量变化的主要原因，也能从反应物与生成物的能量大小判断反应归属于吸热反应或放热反应。而学生却未从定量的角度描述反应过程中的热量变化数值，因此反应热（焓变）则是从定量的角度对"化学能与热能"内容的扩展。根据焓变与内能的关系，可以发现对体系施加某些改变内能大小的因素，会使得体系的焓以及反应的焓变都发生变化，因此分析这些问题的时候对于"状态"需要额外的注意，这一点在随后的学习（如"热化学方程式""燃烧热"乃至物理化学中不同类型的反应焓变）更能体现。进一步说，对于焓变学习需求与结果，均指向了"物质-能量"这一思维，需要牢牢把握物质与能量的对应关系。另外，在盖斯定律的学习和应用中，可以利用不同反应或过程的焓变，间接地计算一些难以测量的反应的焓变；在化学反应的自发性的判断中，若熵判据对自由能的贡献较小，则可以通过焓判据对反应的自发性进行粗略的判断。

学习任务

● 请用概念图表示并说明"反应热"与"焓变""燃烧热""中和热""化学能""内能"以及"化学键"等概念之间的关系。

● 请与同伴小组讨论"反应热"与"焓变"概念的学科认识功能。

● 如何设计初高中阶段"化学反应与热能"内容进阶的教学？

5.4 原电池、电解池

本原内涵

【原电池】（primary battery）

人教版高中化学必修第二册（p. 37）对原电池的定义是把化学能转化为电能的装置，通过探究活动"简易电池的设计与制作"引导学生认识原电池的必要组成部分：自发的氧化还原反应、正负极电极材料和闭合回路。而在选择性必修1（p. 93）章引言中指出原电池的基础是发生在电子导体与离子导体接触界面上的氧化还原反应。选择性必修教材没有给出原电池的定义，同样也没有明确说明原电池的组成，而是以思考题的形式在思考与讨论栏目（p. 95）中呈现。与必修第二册相比，选择性必修更侧重于原电池的工作原理与应用。苏教版必修第二册（p. 20）对原电池的定义与人教版的相一致，教材并未对原电池的组成有所提及。而鲁科版必修第二册（p. 50）在定义中强调了氧化还原反应是形成原电池的基础——"原电池是一种利用氧化还原反应将化学能直接转化成电能的装置"。不同的是，鲁科版利用"燃料电池"实验装置思考组成电池的基本条件。选择性必修1则没有明确给出原电池的定义。

傅献彩等主编的《物理化学》提及原电池的定义（p. 1和p. 60），具体而言为使化学能转变为电能的装置称为原电池或简称为电池。

【电解池】（electrolytic cell）

人教版高中化学必修阶段没有提及电解池的定义，但在选择性必修1（p. 101）将电解池定义为"把电能直接转化为化学能的装置"。通过思考与讨论栏目对电解池的组成、反应发生的区域、电子运动方向和离子运动方向进行总结。而鲁科版必修第二册亦没有提出电解池的定义，同样是在选择性必修1（p. 21）中先对电解作出定义，再引入对电解池的描述："电解时，电源向反应体系提供电能，电能转化为化学能而'储存'在反应产物中，这种将电能转化为化学能的装置叫作电解池。"与人教版和鲁科版不同的是，在苏教版必修第二册（p. 24）中就提出电解池的定义："电解池是将电能转化为化学能的装置。"

傅献彩等主编的《物理化学》（p. 3）对电解池的定义为"将一个外加电源的正

负极用导线分别与两个电极相连，然后插入电解质溶液中，就构成了电解池"，如图 5-3 所示。溶液中的正离子将向阴极迁移，在阴极上发生还原作用。而负离子将向阳极迁移，并在阳极上发生氧化作用。

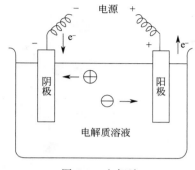

图 5-3　电解池

功能价值

　　"电化学"主题是理解化学学科、培养化学思维、形成化学观念的主要载体之一。以电化学知识的重要部分——原电池为例，"原电池"是一个特殊的核心概念，它关联了另外两个核心概念"氧化还原反应"与"电解质"，还统摄了许多基本的小概念，如电极、电极反应、电势等。原电池的学习承担着学习者学习电化学知识的认知导向作用。从知识分类看，原电池属于化学基本概念和原理，是氧化还原反应理论的延伸和具体应用。佘雪玲将以"氧化还原"视角认识原电池的工作原理，列为高中化学"氧化还原"知识架构内容进阶的第四个水平，即从电子转移视角认识不同场所进行的氧化还原反应，如图 5-4 所示。一方面，对原电池概念的深入学习是对氧化还原反应的进一步理解，也体现了氧化还原的应用价值；另一方面，基于氧化还原反应概念引导学生建立新的化学反应认识角度和思路，凸显化学知识结构化和系统化，学生的思维和观念得到不断发展，呈现学习进阶状态。

　　在思维方面，教材中对该内容的编排都呈现出由能量转化到工作原理再到实际应用的螺旋式上升，其体现的是由现象到本质、从理论到应用的认识视角。必修阶段通过制作水果电池的实验探究了解原电池的形成条件，初步建立原电池构成三要素模型。到选择性必修阶段，随着对工作原理的深入认识，促使学生认识到电极反应、电极材料、离子导体、电子导体是电化学体系的基本要素，建立对电化学过程的系统分析思路，是对原电池构成三要素模型的改进与进阶，学生的模型思维得到进一步的发展，对应的电化学认识模型如图 5-5 所示。

　　而在观念方面，原电池以氧化还原反应为基础，化学变化必然伴随着能量的变

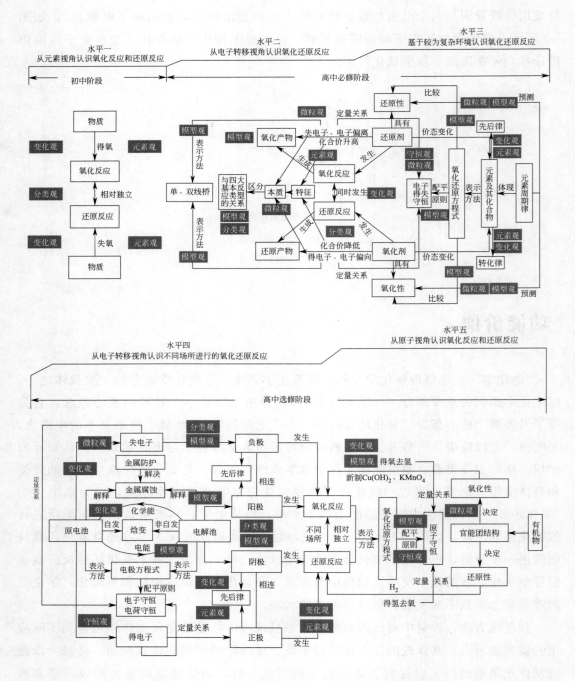

图 5-4　高中化学"氧化还原"知识架构内容进阶图

化，通过原电池的装置可以实现将化学能转化为电能，体现了能量观的内涵之一：物质变化过程伴随有能量的变化，且转化过程中能量守恒。能量观的建构和发展与学生对能量转化规律的认识程度密切相关，必修阶段通过对单液电池的学习，学生建立能

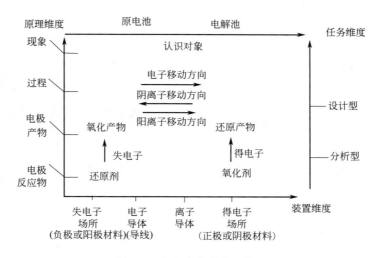

图 5-5 高中电化学认识模型

量观的初步认识，即能量可以实现相互转化。鲁科版选择性必修 1 教材借助双液电池模型，从"电极电势"及化学平衡的角度认识原电池原理，不仅使学生能够从根本上明晰电池中电流的来龙去脉，而且为分析影响电流大小的因素提供了依据，从而使学生建立起能量转化是可以调节和控制的认识。

从化学学科本体的视角，化学家在探索和开发电池的历程是原电池的另一重要的学科价值和应用价值。新课标提出了解电池历史沿革和发展，如伏打电池的发现、干电池的改进、燃料电池的应用等情境素材建议。电池的历史沿革，不仅仅是化学技术、化学科学发展的具体表现，同时反映着化学与技术给生活带来的影响，人们根据需求发展，不断对原电池进行改良和创新，对发展学生"科学态度与社会责任"素养具有重要作用，在认识化学史的过程中逐步形成对科学本质的理解。目前不少研究已经将化学电池的化学史融入教学实践中。融合化学史的教学不是简单停留在介绍层面，而是选取科学发展史中具有代表性意义的事件进行摘要性重演，引导学生理解科学知识探究的真实过程。例如，伏打电池的发展历史，从意大利著名生物学家伽伐尼在解剖青蛙时发现青蛙腿发生抽搐，提出"生物电"结论，再到伏打对伽伐尼的观点提出质疑并通过实验得出抽搐的原因是产生了电流，最后发明了伏打电池的过程，说明化学知识不是凭空设想的而是以一定经验为基础，是在不断地发展和变化，增强学生的实验证据意识，感受科学知识的暂定性。

另外，了解化学腐蚀和金属防护的本质是建立在正确理解原电池和电解池的工作原理基础上的。金属腐蚀造成的损失远比事故与自然灾害造成的损失更为严重，因此利用电化学原理解释金属腐蚀现象，选择并设计防腐措施，一方面能促进发展学生在解决真实问题的分析和设计能力，另一方面体现化学科学的作用价值，有助于学生正确看待化学在生产、生活中应用的利与弊，建立正确的化学价值观。

学习任务

- 请用概念图表示并说明"原电池""电解池""金属的腐蚀""金属的防护""氧化还原反应"等概念之间的关系。

- 如何设计高中必修和选修阶段"电化学"内容进阶的教学？

5.5 自发性、可逆性

本原内涵

【自发性】（spontaneity）

2019 年人教版选择性必修 1 中在化学反应的方向一节中指出"自然界中有一些过程是自发进行的，而且是有方向性的"（p. 41）。再由自然界中的现象引出对化学反应自发性、方向性的认识。2019 年苏教版选择性必修 1 中通过交流讨论某些化学反应在室温下自动进行，总结出："在一定条件下能自动进行的反应，我们称之为自发反应（spontaneous reaction）。"

目前现行三个版本教材虽然在编排顺序上有所不同，如人教版将化学反应的方向放在化学反应速率、化学平衡等内容后，鲁科版则将化学反应的方向放在第一节，但所涉及的内容大致相同，均是从焓判据、熵判据、综合判据等结合实例讨论如何判断化学反应自发进行的方向。具体内容可总结如下。

（1）有些化学反应也是自发进行的，而且具有方向性。化学反应总是向着自由能减小的方向进行，直到体系达到平衡。即：当 $\Delta G < 0$，反应能自发进行；当 $\Delta G = 0$，反应处于平衡状态；当 $\Delta G > 0$，反应不能自发进行。

（2）自发反应的方向与焓变和熵变有关，但焓变和熵变又不能完全单独作为自发反应方向的判断依据。要判断反应自发进行的方向，必须综合考虑体系的焓变和熵变。ΔG 不仅与焓变和熵变有关，还与温度有关。

由 $\Delta G = \Delta H - T \Delta S$ 可推知：当 $\Delta H < 0$，$\Delta S > 0$ 时，反应能自发进行；当 $\Delta H > 0$，$\Delta S < 0$ 时，反应不能自发进行；当 $\Delta H > 0$，$\Delta S > 0$ 或 $\Delta H < 0$，$\Delta S < 0$ 时，反应能否自发进行与温度有关。一般低温时 ΔH 的影响为主，高温时 ΔS 的影响为主，而温度影响的大小要视 ΔH、ΔS 的具体数值而定。（$p. 42 \sim 43$）

章伟光主编的《无机化学》（$p. 105$）中将自发变化定义为："系统在没有任何外力（如对系统做功）的影响下就能自动发生的变化。"需要说明的是，自发变化的逆过程是非自发的，非自发过程不是不能发生，而是不能自动发生。自发变化具有以下特征：自发变化具有一定的方向性，可被用来完成有用功；自发变化不一定立即完成，即速度不一定很快。

需要区别的是，在高中阶段对可逆反应与自发反应的定义中均提及"一定条件"，但两者的内涵并不相同，可逆反应定义中所指的反应条件是指反应能被显著地观察到从左向右进行所需要的条件，自发反应定义中提到的条件则指一定的温度和压强，例如合成氨反应，该反应在常温常压下就可自发进行，但实际反应进行中常温常压下该化学反应速率极慢，若想观察到显著现象，则需要"高温、高压、催化剂"。因此有学者建议将自发反应定义为："在一定温度和压强下，不需要外界帮助就能正常进行的反应。"

【可逆性】（Reversibility）

2019 年人教版必修第二册中在硫及其化合物的学习中，以二氧化硫溶于水生成亚硫酸和亚硫酸的分解为例，引出可逆反应的定义："在同一条件下，既能向正反应方向进行，同时又能向逆反应方向进行的反应，叫做可逆反应（$p.3$）。"在元素化合物部分就可逆反应的概念加以铺垫后，在化学反应的限度一节中提出"很多化学反应都是可逆反应……任何可逆反应在给定条件下的进程都有一定的限度，只是不同反应的限度不同"（$p.47$）。2019 年鲁科版必修第二册（$p.59$）与 2019 年苏教版必修第二册（$p.6$）均将可逆反应放在化学反应的限度一节，鲁科版以二氧化硫与氧气反应生成三氧化硫这一化学反应为例（见图 5-6），苏教版以氯气溶于水后所得氯水的成分为例，总结可逆反应的定义。由此引出大部分化学反应只能进行到一定的限度，由化学反应存在一定限度引出可逆反应的定义，紧承可逆反应介绍化学平衡状态等内容。由于可逆反应的定义理解难度并不高，因此在各版教材选择性必修 1《化学反应原理》中未再单独对化学反应的可逆性加以介绍。

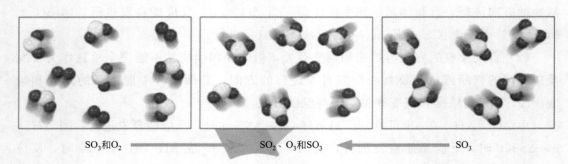

SO₃和O₂　　　　　　　SO₂、O₃和SO₃　　　　　　　SO₃

图 5-6　二氧化硫催化氧化、三氧化硫分解示意图

大学教材《物理化学》中对化学反应可逆性的定义与中学阶段并无太大差异，均强调相同条件下，一个化学反应既可以按化学方程式从左向右进行又可以从右向左进行，这就是化学反应的可逆性。化学反应可逆性的微观解释，可理解为处于活化状态的活化分子既有可能转化为反应物，也有可能转化为生成物，由此表现为反应的可逆性，同时活化分子转化为反应物的程度与转化为生成物的程度不同，即可逆的程度不

同。不难发现，从动力学角度看，任何化学反应都是可逆反应，只是可逆的程度不同（见图5-7）。

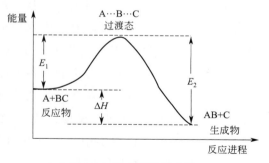

图 5-7　反应历程示意图

化学反应的自发性和可逆性均属于"化学反应原理"模块的内容，可逆性从初中及高中必修阶段的元素化合物知识中就有所涉及，如二氧化碳与水的反应、氯气与水的反应、二氧化硫与水的反应等，依托于具体化学反应理解可逆性难度不高，学生在必修阶段就可建立起对可逆性的初步认识。化学反应的可逆性研究化学反应过程中的问题，化学反应的自发性研究方向性问题，相对而言自发性好比是对事件发生的大概率预测，对学生而言内容过于抽象、理论性更强。

当前高中化学课程体系要求学生在"化学反应原理"模块中对化学反应的方向、限度、速率等进行学习，这一模块实际融合了包含化学热力学和化学动力学在内的内容，自发性和可逆性的分析均属于化学热力学范畴，强调应用化学热力学的原理解释化学现象、判断反应进行的方向、预测反应发生的可能性，热力学的研究方法侧重演绎推理。化学动力学注重对反应进行的速率和反应的历程（机理）的研究，从动力学角度考虑，理论上所有反应都是可逆的，仅仅是可逆的程度不同。因此，在一定条件下的自发反应，并非一定能完全进行；在一定条件下的非自发反应，也并非完全不能进行。

功能价值

方向、限度、速率和历程是认识化学反应的四个视角。自发性强调化学反应的方向，可逆性则强调化学反应的限度，二者均是对化学反应的原理性知识更为本原化的认识。高中阶段大部分学生对于本主题的许多核心概念存在理解困难，这很大程度上是由于没能领会化学热力学思维方式，因此在教学中需要注重转变学生的认识方式和学习方式。

在化学反应自发性的学习中，引导学生认识到化学反应方向的判断不是由单一因素决定的，而是由焓变、熵变两个判据共同决定，而同时考虑焓变、熵变时还会受到体系中温度等因素的影响，由此可发展学生的系统思维。对化学反应具有可逆性的认识后，学生在前期元素化合物知识学习中已经积累了许多具体反应事实，在必修第二册中也立足可逆反应提出化学平衡这一定义并去研究化学反应的限度问题，对化学平衡状态的判断有了初步认识，选择性必修 1 中进一步从定量（平衡常数）、理论（勒夏特列原理）等角度，结合化学热力学和化学动力学的内容加深对可逆反应的认识。

对化学反应自发性、可逆性的认识，能显著发展学生变化观念和平衡思想这一化学学科核心素养，认识到化学反应在进行方向、反应限度上遵循的规律，能够多角度、动态地分析化学变化。有学者建议，在教学中自发性和可逆性通常不并行讨论，但应当认识到这两个概念均具有相对性。不自发的反应不一定完全不发生，能自发的反应也不一定能观察到显著现象，似乎能正向完全进行的反应并非完全不可能。在辨析这部分概念时要准确辨析所研究问题的归属范畴，认识化学热力学和化学动力学研究角度、方法、思维的差异。

📝 学习任务

- 请用概念图表示并说明"自发反应"和"可逆反应"与"化学平衡""化学反应"以及"焓变"等概念之间的关系。

- 请与同伴小组讨论"可逆反应"的学科认识功能。

- 如何设计"可逆反应"内容进阶的教学？

5.6 化学平衡

本原内涵

【化学平衡】（chemical equilibrium）

2019 年人教版必修第二册中先介绍了化学反应速率和可逆反应，然后提出化学平衡，并将其定义（p. 47）为："在一定条件下，某个可逆反应在开始进行时，反应物的浓度最大，生成物浓度为零，因此正反应速率大于逆反应速率。随着反应的进行，反应物的浓度逐渐减小，正反应速率逐渐减小；生成物浓度逐渐增大，逆反应速率逐渐增大。当反应进行到一定程度时，正反应速率与逆反应速率相等。反应物的浓度和生成物的浓度都不再改变，达到一种表面静止的状态，我们称之为化学平衡状态，简称化学平衡。化学平衡状态是可逆反应在一定条件下所能达到的或完成的最大程度，即该反应进行的限度。化学反应的限度决定了反应物在该条件下转化为生成物的最大转化率。"

2019 年人教版选择性必修 1《化学反应原理》中先更深入地讲解了化学反应速率，然后提出化学平衡状态的定义（p. 31）为："在一定条件下，像合成氨这样的可逆反应体系中，当正、逆反应的速率相等时，反应物和生成物的浓度均保持不变，即体系的组成不随时间而改变，这表明该反应中物质的转化达到了'限度'，这时的状态我们称之为化学平衡状态，简称化学平衡。化学平衡是一种动态平衡。综上所述，化学平衡状态是指在一定条件下的可逆反应，正反应与逆反应的速率相等，反应混合物中各组分的浓度保持不变的状态。"

2019 年鲁科版必修第二册先依次介绍了化学反应速率和可逆反应，然后引出化学平衡的定义（p. 61）："在一定条件下可逆反应进行到一定程度时，反应物和生成物的浓度不再随时间的延长而发生变化，正反应速率和逆反应速率相等，这种状态称为化学平衡状态，简称化学平衡。一定条件下的化学平衡状态是该条件下反应达到一定限度的一种状态。当可逆反应达到化学平衡时，无论是正反应还是逆反应都在继续进行着，因而化学平衡是一种动态平衡。"

2019 年苏教版必修第二册先依次讲解了化学反应速率、化学反应限度和可逆反应，然后对"化学平衡"做了介绍（p. 8）：在上述 SO_2 与 O_2 的反应中，一定条件下

向反应器中充入 SO_2 和 O_2，刚开始 SO_2 和 O_2 的浓度很大，而 SO_3 的浓度为零，反应正向进行。随着反应的进行，SO_2 和 O_2 的浓度逐渐减小，正反应的速率减小；SO_3 的浓度增大，逆反应的速率增大。当正、逆反应速率相等时，反应物和生成物的浓度不再变化，反应达到化学平衡状态。

2019 年苏教版选择性必修 1《化学反应原理》先回顾了可逆反应的特征，并指出化学反应是有限度的，然后提出化学平衡的定义（p. 60）："对一个可逆反应而言，在反应物生成生成物的一瞬间，逆反应就开始进行了。开始反应时正反应速率最大，由于起初生成物浓度很小，逆反应速率很小。随着反应的进行，反应物不断被消耗，产物不断生成，正反应速率随着反应物浓度下降而逐渐变小，逆反应速率随着生成物浓度的上升而不断增大。最终，正反应速率等于逆反应速率，达到一种平衡状态，此时正、逆反应都没有停止。当外界条件不变时，可逆反应进行到一定程度，反应物和生成物的浓度不再随时间而发生变化，我们称之为化学平衡状态。"

章伟光主编的大学教材《无机化学》中化学平衡的定义则对高中教材概念中的"一定条件"进行了细化，引入了封闭系统的概念，对化学平衡状态的适用范围进行了限定（p. 97）："化学平衡是指在一定温度下，封闭系统中的可逆反应正、逆反应速率相等时系统的一种状态。随着化学反应的进行，反应物浓度不断下降，生成物浓度不断增加，最终达到正、逆反应速率相等，同时反应物和生成物的浓度不再随时间发生改变，此时系统中建立了化学平衡。"

功能价值

"化学平衡"这一概念在高中化学必修阶段和选择性必修阶段中都有出现，选择性必修阶段内容是对必修阶段内容的进阶。放眼整个高中化学学习过程，化学平衡是非常重要的核心概念，对学生高阶思维的要求较高，并且"变化观念与平衡思想"的素养发展也较大程度上依托于此。

在必修阶段，学生在学习化学平衡之前，已经对"化学反应速率"与"可逆反应"等概念有所涉猎，但对一个反应进行到什么程度的问题尚不清楚，化学平衡概念的引入让学生感受从反应开始到达到平衡状态的过程中正、逆反应速率和生成物、反应物浓度的变化，理解在一定条件下，可逆反应达到平衡状态时的特征（正反应速率与逆反应速率相等，反应物浓度和生成物浓度都不再改变）。在感受动态平衡的过程中，学会运用动态平衡的观点看待和分析化学变化，达到变化观念与平衡思想水平二。概念中"在一定条件下"，让学生形成化学变化是有条件的观念，认识反应条件对化学平衡的影响，逐步向变化观念与平衡思想水平三靠近。

在选择性必修阶段，学生先再次深入学习了化学反应速率，进行了定性和定量实验探究影响化学反应速率的因素，并通过活化能和简单碰撞理论解释各种因素对化学反应速率的影响。然后借助合成氨的例子，再次讲解化学平衡状态，深入感受动态平衡的过程。但是学生还不清楚各因素如何影响化学平衡，怎样对化学反应进行调控。接下来深入学习化学平衡常数，浓度、温度、压强等对化学平衡的具体影响，以及分析各因素造成平衡移动的原因。化学平衡概念的掌握对后面学习电离平衡、水解平衡、沉淀溶解平衡等不同的化学平衡体系起到奠基作用，是知识迁移的基点。此时，学生对化学平衡概念的理解已经更为深入，知道 Q 与 K 的含义，理解 Q、K 关系与化学平衡移动方向的关系，能分析各因素如何影响化学平衡移动，能综合运用 Q、K 关系和勒夏特列原理判断化学平衡的移动方向，达到变化观念与平衡思想水平三。学生能从定性（反应体系的颜色不再变化等）和定量（$Q = K$）相结合的方式判断反应是否达到化学平衡，逐渐向"变化观念与平衡思想"素养水平四靠近。

值得注意的是，化学平衡概念在教学中有独特的课程思政价值，可以渗透辩证唯物主义中的对立统一思想，即正反应和逆反应的反应方向相反（对立），但当达到化学平衡时，正反应速率与逆反应速率相等（统一）。哲学中运动和静止的辩证关系原理与化学平衡的内容也相对比较契合。化学平衡状态的特点是正反应速率与逆反应速率相等（变化或运动是绝对的）、反应物浓度和生成物浓度都不再改变（静止是相对的），是绝对运动和相对静止的统一。

📝 学习任务

- 请用概念图表示并说明"化学平衡"与"体系""环境""可逆反应""化学反应速率""化学反应的方向"等概念之间的关系。

- 请与同伴小组讨论"化学平衡"的学科认识功能。

- 如何设计"可逆反应"内容进阶的教学？

5.7　平衡常数

本原内涵

【化学平衡常数】（chemical equilibrium constant）

2019 年人教版选择性必修 1《化学反应原理》（p. 32）先是通过分析实验数据，引入浓度商这个概念："对于一般的可逆反应 $m\mathrm{A}(\mathrm{g}) + n\mathrm{B}(\mathrm{g}) \rightleftharpoons p\mathrm{C}(\mathrm{g}) + q\mathrm{D}(\mathrm{g})$，在任意时刻的 $\dfrac{c^p(\mathrm{C}) \cdot c^q(\mathrm{D})}{c^m(\mathrm{A}) \cdot c^n(\mathrm{B})}$ 称为浓度商，常用 Q 表示"。然后指出"当该反应在一定温度下达到化学平衡时，$c(\mathrm{A})$、$c(\mathrm{B})$、$c(\mathrm{C})$ 和 $c(\mathrm{D})$ 之间有：$\dfrac{c^p(\mathrm{C}) \cdot c^q(\mathrm{D})}{c^m(\mathrm{A}) \cdot c^n(\mathrm{B})} = K$，其中 K 是常数，称为化学平衡常数，简称平衡常数（固体或液体纯物质一般不列入浓度商和平衡常数）"。2019 年鲁科版（p. 53）和苏教版（p. 60～61）选择性必修 1《化学反应原理》都是在分析实验数据之后，直接定义"化学平衡常数"：对于化学反应：$a\mathrm{A} + b\mathrm{B} \rightleftharpoons c\mathrm{C} + d\mathrm{D}$，$K = \dfrac{c^c(\mathrm{C}) \cdot c^d(\mathrm{D})}{c^a(\mathrm{A}) \cdot c^b(\mathrm{B})}$，温度一定时，$K$ 为常数，称为化学平衡常数，简称平衡常数。对于有纯固体或溶剂参加的反应，纯固体或溶剂不列入平衡常数的表达式中。

与上述高中化学教材相比，大学化学教材从广义的角度介绍该概念，指出中学教材中"化学平衡常数"是指"经验平衡常数"或"实验平衡常数"，并非总是量纲 1 的量。这个常数可以由实验直接测定。而有些反应的平衡浓度无法由实验直接测定，这类反应的平衡常数可以通过 $\Delta_r G_m^{\ominus}$ 计算，称为"标准平衡常数"。大学教材对"标准平衡常数"定义如下："在一定温度下，可逆反应达到平衡时，生成物以方程式中系数为幂指数的相对浓度（或分压）的乘积与反应物以方程式中系数为幂指数的相对浓度（或分压）的乘积的比值是一个常数，称为标准平衡常数 $K^{\ominus}$，它是量纲为 1 的量。标准平衡常数 $K^{\ominus}$ 只与化学反应的本质和温度有关，与物质的浓度、分压、反应达到平衡的方向和时间均无关。"（章伟光，《无机化学》，p. 113-114）

【电离平衡常数】（ionization equilibrium constant）

2019 年人教版选择性必修 1《化学反应原理》（p. 57）先是介绍弱电解质的电离

平衡，然后将"电离平衡常数"定义为："与其他化学平衡类似，在一定条件下，当弱电解质的电离达到平衡时，溶液里各组分的浓度之间存在一定的关系。对一元弱酸或一元弱碱来说，溶液中弱电解质电离所生成的各种离子浓度的乘积，与溶液中未电离分子的浓度之比是一个常数，这个常数叫做电离平衡常数，简称电离常数。"电离常数与弱电解质的性质和温度有关。2019 年鲁科版（p.97）选择性必修 1《化学反应原理》直接定义"电离常数"为："弱电解质的电离是可逆过程，存在着电离平衡。在一定条件下达到电离平衡时，弱电解质电离形成的各种离子的浓度（次方）乘积与溶液中未电离的分子的浓度之比是一个常数，这个常数称为电离平衡常数，简称电离常数。""电离常数服从化学平衡常数的一般规律，它受温度影响，在稀溶液中与溶液的浓度无关。温度一定时，弱电解质具有确定的电离常数值。电离常数表征了弱电解质的电离能力，根据相同温度下电离常数的大小可以判断弱电解质电离能力的相对强弱。"2019 年苏教版（p.84）选择性必修 1《化学反应原理》先以具体实例定义"电离平衡常数"，然后进行学科提炼，提出"电离平衡常数是弱电解质发生电离过程中对其电离程度的定量表示，其本质就是化学平衡常数"。

宋天佑等主编的《无机化学》（p.263）中将"解离平衡常数"定义如下：弱酸在水中存在分子与离子之间的解离平衡。一定温度下达到平衡时，该解离反应的平衡常数 $K^{\ominus} = \dfrac{[H_2O][A^-]}{[HA]}$，$K^{\ominus}$ 为反应的平衡常数。该平衡就是弱酸的解离平衡，所以又称酸常数，用 $K_a^{\ominus}$ 表示。弱碱同理，用 $K_b^{\ominus}$ 表示碱常数。无论是酸常数还是碱常数都是平衡常数的一种，具有平衡常数的通性，即与温度有关、与各物质的浓度无关。

【水的离子积常数】（ionic product of water）

2019 年人教版（p.61）、鲁科版（p.91）、苏教版（p.88）选择性必修 1《化学反应原理》先是介绍了水的电离方程式，然后将"水的离子积常数"描述为：当水的电离达到平衡时，电离产物 H^+ 和 OH^- 浓度之积是一个常数，记作 K_w：$c(H^+) c(OH^-) = K_w$，K_w 叫做水的离子积常数，简称水的离子积。这个常数可由实验测得，也可通过理论计算求得。

【水解平衡常数】（hydrolytic equilibrium constant）

2019 年人教版选择性必修 1《化学反应原理》（p.75）以"资料卡片"呈现水解常数定义："用 HA 表示酸，MOH 表示碱，MA 表示由它们生成的盐。若 MA 为强碱弱酸盐，则其水解的离子方程式为：$A^- + H_2O \rightleftharpoons HA + OH^-$，上述反应的平衡常数可表示为 $K_h = \dfrac{c(HA) \cdot c(OH^-)}{c(A^-)}$，$K_h$ 称为盐的水解常数。当水解达到平衡时，溶液中还存在以下关系：$c(HA) = \dfrac{c(H^+) \cdot c(A^-)}{K_a}$。"将以上关系式带入 K_h 的表达式，得到强碱弱酸盐的水解常数与弱酸电离常数的关系式：$K_h = \dfrac{c(\text{H}^+)c(\text{OH}^-)}{K_a} = \dfrac{K_w}{K_a}$。同理，可推出强酸弱碱盐的水解常数与弱碱电离常数的关系式：$K_h = \dfrac{K_w}{K_b}$。"2019 年鲁科版（p. 106）选择性必修 1《化学反应原理》在"拓展视野"定义"水解平衡常数"："水解反应的平衡常数叫作水解平衡常数或水解常数，用 K_h 表示。K_h表示水解反应趋势的大小：K_h 数值越大，水解趋势越大。"

宋天佑等主编的《无机化学》（p. 277）将"水解平衡常数"定义如下：弱酸强碱盐的水解平衡常数 $K_h^\ominus$ 等于水的离子积常数与弱酸的解离平衡常数 $K_a^\ominus$ 的比值，即$K_h^\ominus = \dfrac{K_w^\ominus}{K_a^\ominus}$。强酸弱碱盐的水解平衡常数 $K_h^\ominus$ 与弱碱的解离平衡常数 $K_b^\ominus$ 之间的关系为：$K_h^\ominus = \dfrac{K_w^\ominus}{K_b^\ominus}$。弱酸弱碱盐的水解平衡常数与弱酸和弱碱的解离平衡常数之间的关系为：$K_h^\ominus = \dfrac{K_w^\ominus}{K_a^\ominus K_b^\ominus}$。

【溶度积常数】（solubility product）

2019 年人教版（p. 78）、鲁科版（p. 109）、苏教版（p. 109）选择性必修 1《化学反应原理》都是先介绍了沉淀溶解平衡，然后定义"溶度积"为"与电离平衡、水解平衡一样，难溶电解质的沉淀溶解平衡也存在平衡常数，称为溶度积常数，简称溶度积，符号为 K_{sp}（固体纯物质一般不列入平衡常数）。K_{sp} 反映了难溶电解质在水中的溶解能力，与难溶电解质的性质和温度有关"。

章伟光主编的《无机化学》（p. 205）将"溶度积常数"定义如下："难溶强电解质，在一定温度下，把固体放入水中一段时间后，体系达到动态平衡。此时的溶液称为饱和溶液，该平衡称为沉淀溶解平衡，又称固液平衡或多相平衡。K_{sp} 是难溶强电解质沉淀溶解平衡的平衡常数，它反映了物质的溶解能力，故称溶度积常数，简称溶度积。因此，在一定的温度下，难溶强电解质的饱和溶液中离子浓度的系数次方之积为一常数，简称溶度积。"

整体而言，在理解"平衡常数"概念时需注意以下几个本原性方面内容。

（1）平衡常数是用于定量描述一个化学反应限度的特征值，通常情况下只受温度影响。通常，平衡常数 K 越大，说明平衡体系中生成物所占的比例越大，正反应进行的程度越大，即该反应进行得越完全。

（2）中学教材中的化学平衡常数是直接将实验测定值代入平衡常数表达式中计算得到的，因此其数值和量纲都是经验平衡常数，经验平衡常数可能有单位，但中学阶段常常简化不写。而大学教材中的化学平衡常数指标准平衡常数，往往通过化学反应的自由能变化量间接求算，无量纲，因此无单位。

功能价值

从学科价值角度思考，平衡常数作为衡量化学反应限度的定量描述，能够使学生对于可逆反应限度的认识完成从定性描述到定量认识的转换。在中学阶段，平衡常数包括电离平衡常数、水解平衡常数、溶度积常数、水的离子积等概念。

（1）从共同点看：首先，这些不同平衡体系的平衡常数的本质是相同的，其表达式都可以用生成物浓度幂之积与反应物浓度幂之积之比表示，纯固体或溶剂不列入平衡常数的表达式中。其次，这些平衡常数都只受温度的影响。

（2）从差异上看：以上五个概念均从各自的平衡体系入手，引入对应的平衡常数，且往往以一个具体的反应体系作为实例，对体系中的粒子进行分析，从而推导出各自的平衡常数。具体而言，化学平衡常数常用于描述气相体系物质浓度间的关系。电离平衡常数、水的离子积、水解平衡常数常用于描述溶液体系离子间的关系。其中，电离平衡常数用于表示溶质在水溶液中存在的平衡状态，水的离子积用于表示溶剂在水溶液中存在的平衡状态，水解平衡常数用于表示溶质和溶剂相互作用过程中存在的平衡状态。溶度积常数用于描述溶液中难溶电解质存在的平衡状态。

（3）从联系上看：对于强酸弱碱盐，其水解平衡常数 K_h、与其弱碱电离平衡常数 K_b 存在关系 $K_h = \dfrac{K_w}{K_b}$。对于强碱弱酸盐，其水解平衡常数 K_h 与其弱酸电离平衡常数 K_a 存在关系 $K_h = \dfrac{K_w}{K_a}$。

此外，平衡常数蕴含丰富的学科观念和思维，对于发展学生的变化观念与平衡思想、证据推理与模型认知等素养有着较大作用。譬如，运用平衡常数和浓度商的相对大小关系判断、解释一个可逆反应是否达到平衡状态，帮助学生发展证据推理与模型认知的素养（如图 5-8 所示）。

从应用价值角度考虑，对于平衡常数的应用，除了最直接的计算判断反应平衡与否，就是在沉淀的溶解平衡体系中解释沉淀的转化。在 2019 年人教版选择性必修 1 中，首先通过 $AgCl \rightarrow AgI \rightarrow Ag_2S$ 的转化实验，以及 $Mg(OH)_2 \rightarrow Fe(OH)_3$ 的转化实验，引入沉淀的转化这一概念。紧接着提出问题：为什么沉淀能够转化？教材以 $AgCl \rightarrow AgI$ 的转化为例，通过 K_{sp} 的大小比较，结合平衡移动的知识进行解释。最后，教材提供了自然界中沉淀转化（锌矿 → 方铅矿 → 铜蓝）的实例来加深学生对沉淀转化的认知，增强对 K_{sp} 的理解。

此外，在学习了电离平衡常数之后，常常需要学生计算电离平衡常数，在高考题

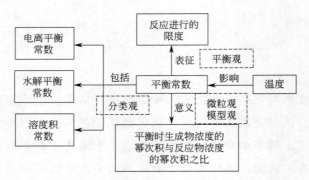

图 5-8 "平衡常数"概念架构图

命制上，还可以向电离平衡常数的测定等方向变化。电离平衡常数的测定方法有 pH 法、pH 滴定法、电导法和分光光度法等。高中生常用 pH 法测定平衡常数，但该方法操作复杂，计算量和误差都较大。pH 滴定法容易被学生接受，且不必知道弱酸或弱碱的准确浓度，即可计算出电离平衡常数，且排除了标准液浓度不准确所带来的试剂误差。往常 pH 滴定法常通过人工记录数据、电脑作图等方法进行测定，步骤较为繁琐。任峰等人将 pH 滴定法结合手持技术，测定了乙酸的电离平衡常数和草酸的二级电离平衡常数，使学生准确、直观地学习电离平衡。学生观察显示屏中滴定曲线的生成过程，有利于理解滴定终点和滴定突跃的意义，有利于建立变化观念和平衡思想。

学习任务

● 请用概念图表示并说明"化学平衡常数""电离平衡常数""水的离子积""水解平衡常数""溶度积常数"概念之间的关系。

● 请与小组同伴讨论"平衡常数"的学科认识功能。

5.8 化学反应速率

【化学反应速率】（chemical reaction rate）

2019 年人教版化学必修第二册（p.43）对"化学反应速率"的表示方法具体表述为："化学反应速率通常用单位时间内反应物浓度的减少量或生成物的增加量（均取正值）来表示"。2019 年人教版化学选择性必修 1（p.22）则通过数学表达式的形式给出化学反应速率的表示方法："化学反应速率通常用单位时间内反应物浓度的减小或生成物浓度的增加来表示：$v = \dfrac{\Delta c}{\Delta t}$。式中 Δc 表示反应物浓度或生成物浓度的变化，其常用单位是 mol/L（或 mol·L^{-1}）等。Δt 表示反应时间的变化，其常用单位是 s（秒）、min（分）等。v 表示反应速率（取正值），其常用单位是 mol/（L·s）或 mol·L^{-1}·s^{-1}"。此外，为帮助学生理解，选择性必修 1 还以通式和合成氨的反应为例对化学反应速率的计算进行说明，呈现出不同物质所表示的化学反应速率之间的关系。

类似地，2019 年鲁科版必修第二册（p.56）既给出了化学反应速率的定义："用化学反应速率来描述化学反应的快慢"，又给出其表示方法，并强调了用浓度变化的绝对值代入数学表达式中，具体为："对于在体积固定的容器中进行的化学反应 $a\mathrm{A} + b\mathrm{B} = c\mathrm{C} + d\mathrm{D}$ 来说，其化学反应速率可用单位时间某反应物浓度的减少量（绝对值）或某生成物的浓度的增加量来表示，例如用通式中反应物 A 和生成物 D 表示化学反应速率，为：$v(\mathrm{A}) = \dfrac{|\Delta c(\mathrm{A})|}{\Delta t}$ 和 $v(\mathrm{D}) = \dfrac{\Delta c(\mathrm{D})}{\Delta t}$。"2019 年鲁科版选择性必修 1（p.67）则通过探究活动进一步从定量的视角认识化学反应速率，将物质的变化率由物质的浓度改变量扩大为质量或物质的量的改变量，其给出的化学反应速率表示方法为："对于反应体系体积不变的化学反应 $a\mathrm{A} + b\mathrm{B} = d\mathrm{D} + e\mathrm{E}$，可以用单位时间内某物质浓度（或质量、物质的量等）的改变量（取绝对值）来表示该物质的化学反应速率，如 $v(\mathrm{A}) = \dfrac{|\Delta c(\mathrm{A})|}{\Delta t}$"。由于用不同物质表示的化学反应速率数值不同，为了统一

起见，课本还进一步将化学反应速率重新定义为：

$$v=\frac{1}{a}\cdot\frac{|\Delta c(A)|}{\Delta t}=\frac{1}{b}\cdot\frac{|\Delta c(B)|}{\Delta t}=\frac{1}{d}\cdot\frac{|\Delta c(D)|}{\Delta t}=\frac{1}{e}\cdot\frac{|\Delta c(E)|}{\Delta t}$$

2019年苏教版必修第二册（p.3）所给出的化学反应速率的定义、表示方法与人教版、鲁科版教材略有不同，具体为："化学反应的快慢通常用化学反应速率来定量表示……化学反应速率可用单位时间内反应物浓度的减少或者生成物浓度的增加来表示，即$v=\frac{\Delta c}{\Delta t}$，其常用的单位有 mol·L^{-1}·min^{-1} 或 mol·L^{-1}·s^{-1} 等。v 即化学反应在 Δt 内的平均速率。"不难发现，苏教版教材与另外两版教材的不同之处在于其强调了化学反应速率是平均速率而非瞬时速率。这一不同之处在2019年苏教版选择性必修1（p.41）也有体现。具体而言，2019年苏教版教材对化学反应速率的表示方法为："化学反应速率可以用单位时间内反应物浓度（通常使用物质的量浓度）的减少或者生成物浓度的增加来表示。对于化学反应：aA+bB═══cC+dD，若以 v 表示化学反应速率，Δc 表示反应物或生成物物质的量浓度的变化（取绝对值），Δt 表示一定的时间间隔，则 A、B、C、D 四种物质对应的化学反应速率为：$v(A)=\frac{\Delta c(A)}{\Delta t}$ 或 $v(B)=\frac{\Delta c(B)}{\Delta t}$ 或 $v(C)=\frac{\Delta c(C)}{\Delta t}$ 或 $v(D)=\frac{\Delta c(D)}{\Delta t}$。反应物或生成物的浓度变化的单位可以用 mol·L^{-1} 表示，反应时间的单位可以用 s、min、h（秒、分钟、小时）等表示"。之后，课本还对求取瞬时速率的方法做了简单的介绍：根据 $v(A)=\frac{\Delta c(A)}{\Delta t}$ 求得的反应速率是在时间间隔 Δt 内化学反应的平均速率。若时间间隔 Δt 非常小，可求得化学反应某一时刻的瞬时速率。瞬时速率也可以在物质的浓度随时间的变化曲线上通过数学方法得到。

与中学教材相比，不少大学教材并未明确指出化学反应速率的定义，但对化学反应速率的表示方法、影响因素等知识从定量的视角进行呈现，体现了学科本原性。譬如，为了统一不同物质所表示的化学反应速率数值，傅献彩的《物理化学（第五版）》中采用反应进度随时间的变化率来表示化学反应速率。经过一系列的推导，其对化学反应速率的表示方法具体描述为："对于任意反应 eE+fF═gG+hH，则有 $r=-\frac{1}{e}\frac{d[E]}{dt}=-\frac{1}{f}\frac{d[F]}{dt}=\frac{1}{g}\frac{d[G]}{dt}=\frac{1}{h}\frac{d[H]}{dt}=\frac{1}{v_B}\frac{d[B]}{dt}$，式中 v_B 为化学反应式中物质 B 的计量系数，对反应物取负值，对生成物取正值，r 的单位为（浓度·时间$^{-1}$）。"不难发现，上述化学反应速率的表达式采用的是微分的形式，这说明大学化学中涉及高等数学的知识，更为体现本原性。

又如，中学教材中浓度、温度等因素对化学反应速率的影响是通过简化版的活化能和简单碰撞理论进行解释的（如图 5-9 所示）。而大学教材中对这个问题的解释则渗透在对宏观动力学（即质量作用定律、阿伦尼乌斯方程）和微观动力学（即碰撞理论和过渡态理论）的介绍之中。具体而言，大学教材从定量的视角提出化学反应的速率方程，即"为表示反应速率与浓度等参数之间的关系，或表示浓度等参数与时间关系的方程称为化学反应的速率方程（rate equation），也称为动力学方程（kinetic equation）。速率方程可表示为微分式或积分式，其具体形式随不同反应而异，必须由实验来确定"。"速率方程中的比例系数 k 称为速率常数（rate constant），也称为速率系数（rate coefficient），是与浓度无关的量"。简单地说，通过化学反应速率方程的定义，我们可以理解为什么浓度会影响化学反应速率。而要解释温度对化学反应速率的影响，则必须依托阿伦尼乌斯方程。具体而言，大学教材是这样描述的：Arrhenius 研究了许多气相反应的速率，特别是对蔗糖在水溶液中的转化反应做了大量的研究工作。他提出了活化能的概念，并揭示了反应的速率常数与温度的依赖关系，即 $k = Ae^{-\frac{E_a}{RT}}$。该式称为 Arrhenius 方程。式中，k 是温度为 T 时反应的速率常数，R 是摩尔气体常数，A 是指前因子（pre-exponential factor），E_a 是表观活化能（apparent activation energy，通常简称为活化能）。不难看出，Arrhenius 方程指出了温度与速率常数的关系，即温度影响速率常数，而速率常数影响化学反应的速率。可见，大学教材中各因素对于化学反应速率影响的解释更具本原性。

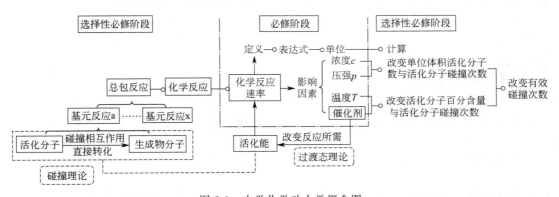

图 5-9　中学化学动力学概念图

功能价值

反应的快慢可以通过反应现象来感觉，比如爆炸比缓慢氧化快，感觉在一定程度上是准确的。但很多时候，我们需要定量地描述化学反应的快慢。都是爆炸，究竟有多快？都是缓慢氧化，究竟慢到什么程度？这就体现了"化学反应速率"这一概念对学生定量思维的培育价值。那用什么物理量来表征单位时间内物质量变化呢？化学反应速率最常用的单位是 mol/(L·s)，即常用单位时间内物质浓度的变化来表示。这是因为化学反应在空气和溶液中发生的情况最为普遍，而在溶液和气体中，浓度才是影响微粒间碰撞概率的直接原因。但是"常用"并非"唯一"，理论上来讲，与浓度有关的物理量都可以用来表示化学反应速率。因此，教师在教学中应该引导学生结合具体情况进行具体分析，选择与浓度相关的、较易测得的物理量对化学反应速率进行表征，以培养学生的定量思维与创新意识。譬如，在某些实验装置条件下，气体体积、质量等物理量会比溶液浓度更易测得，用其表征化学反应速率会更加方便。

化学反应的调控是化学反应速率理论和化学平衡理论的重要应用价值，在实际生产生活中的相关例子比比皆是。化学反应速率理论为我们提供了从动力学上如何控制反应尽快实现平衡的方法指导。比如，加大某一关键反应物料（反应级数高、对反应影响较大的反应物）浓度、通过催化剂改变反应历程、提高反应温度等办法。但是，必须意识到上述改变仅仅是改变了反应速率，从而改变了反应平衡达到的时间，却并不能改变反应前、后两种状态的热力学性质。因此，不能改变相同反应条件下的化学平衡和转化率。由此可见，化学反应速率和平衡移动虽然有共同的影响因素，但它们的影响从机理到具体影响形式和程度，都是完全不同的。引导学生体验化工生产中化学反应的调控问题，能够帮助学生形成"化学变化是有条件的"的观念，认识反应条件对化学反应的影响，并尝试运用化学变化的规律来调控实际生产生活中的化学变化，这有利于培养学生"变化观念"素养和"化学价值观"基本观念。

学习任务

● 请绘制以"化学反应速率"概念为中心的概念图。

● 请与同伴小组讨论"化学反应速率"的学科认识功能。

● 如何设计高中必修和选择性必修阶段"化学反应速率"内容进阶的教学？

5.9　基元反应、反应历程

本原内涵

【基元反应】（elementary reaction）、【反应历程】（reaction mechanism）

《普通高中化学课程标准》（2017 年版 2020 年修订）的"内容要求"中首次提出"知道化学反应是有历程的，认识基元反应活化能对化学反应速率的影响"的要求。

人教版选择性必修 1 在介绍活化能时引入了基元反应这一概念，但未明确指出基元反应的定义。教材以碘化氢分解反应为例，将每一步的反应称为基元反应，先后进行的基元反应反映了整个反应的历程（p.25）。

$$2HI \Longrightarrow H_2 + I_2$$
$$2HI \longrightarrow H_2 + 2I\cdot$$
$$2I\cdot \longrightarrow I_2$$

鲁科版选择性必修 1 则以节标题的形式更为直白地指明了"大多数化学反应都是分几步完成的，其中能够一步完成的反应称为基元反应"。基元反应构成的反应序列称为反应历程（又称反应机理），其总和称为总包反应，也称复杂反应。典型的复杂反应有链反应、对峙反应、竞争反应、连续反应等。由此可见，对化学方程式意义的讨论大多是基于总反应而言的，并未涉及具体的微观反应过程。值得注意的是，一些化学反应确由反应物一步直接转化为生成物，其总反应就是基元反应"（p.66）。

鲁科版教材和大学教材在解释浓度对化学反应速率的影响时均介绍了速率方程，进一步体现该概念的学科本原性。"大量实验表明，基元反应的瞬时反应速率与物质浓度关系可由速率方程来表征。基元反应的速率与反应物浓度（含有相应的指数）的乘积成正比，其中各浓度的指数就是反应式中各反应物质的计量系数。这个规律称为质量作用定律，仅适用于基元反应。"（《物理化学（第五版）下册》，傅献彩，p.161）。对于复杂反应而言，其速率方程往往是一个较复杂的函数关系，一般通过实验、设计反应历程而获得。一般而言，在总包反应的速率方程中浓度的次方与化学方程式中各物质化学式前的系数并无确定关系，不能随意根据反应的化学方程式直接写出。

从反应的动力学原理来看，以往的高中课程着重强调"反应进行的快慢程度"，而在"反应是如何进行的"机理层面存在着缺失。后者的缺失易导致学生静态、孤立地关注反应前后物质的变化和计量关系，而无法理解反应的动态全貌和细节，如误认为化学反应仅由方程式中的反应物可以一步生成产物。换言之，"基元反应""反应历程"概念的提出正是为了丰富学生认识化学反应的动力学视角，帮助学生认识到化学反应的多步性和复杂性。反应物的结构和反应条件决定着一个反应的反应历程，正是反应历程的差别造成了化学反应速率的不同。

功能价值

动力学基础内容是化学反应原理的重要组成部分，而基元反应和反应历程作为化学动力学的基本概念，是认识化学反应速率的重要视角之一。新课程标准针对这部分内容的要求属于"知道"层次，目的在于帮助学生建构系统的、结构化的学科知识。具体而言，这两个概念至少有以下学科价值：

首先，引入"基元反应"和"反应历程"是建构化学学科结构化认识的内在需求。对于一个化学反应，从化学热力学上看，要解决下列问题：该反应能否自发进行？若能进行，进行的程度如何？反应中能量关系如何？此外，在化学动力学上还要解决的问题是：该反应是如何进行的？反应进行的快慢程度如何？充分考虑热力学与动力学才能完整理解一个化学反应。解决"反应是如何进行的"就需要讨论反应机理。常见的化学反应（如氢气与氧气的反应、甲烷的燃烧等），都不是分子间直接碰撞而完成的。它们都要通过许多单个反应步骤才最后变成产物分子。在化学科学中，把每单一步骤的化学反应叫基元反应，前后发生的基元反应称作反应历程。因此，常见的化学反应实际是许多基元反应加和后的结果。

然后，中学阶段因缺失反应历程视角会产生诸多常见的迷思概念。譬如，误认为催化剂不参加反应。尽管对催化剂参与反应、改变反应历程的研究仍不甚清晰，但有一点早已形成共识，即催化剂通过与反应物结合生成某种不稳定的中间产物而影响了反应活化能，进而改变反应的速率。事实上，通过超短脉冲激光技术对化学反应的动态过程进行"拍照"的飞秒化学，已使我们能够观察到中间产物的生成。

再如，学生在日常学习中常将化学方程式等同于化学反应的过程。但在实际反应中，仅有少数化学方程式可以表示反应进行的过程，也就意味着只有少数反应为基元反应。日常接触的大多数反应均为分多步进行的总包反应，可用实验方法检测产物的存在。中间产物是反应过程某一步产生的物质，它被后面一步或几步反应消耗掉，因此不出现在总反应方程式中。

有研究认为 NO_2 和 CO 的反应在 $T > 500K$ 时是基元反应：

$$NO_2(g) + CO(g) \longrightarrow NO(g) + CO_2(g) \quad T > 500K$$

但当 $T<500\text{K}$ 时，该反应为一个总包反应，反应包含两个基元反应：

$$NO_2(g)+NO_2(g)\longrightarrow NO(g)+NO_3(g) \quad (慢)$$

$$NO_3(g)+CO(g)\longrightarrow NO_2(g)+CO_2(g) \quad (快)$$

"反应历程"从微观上解释了反应是如何分步进行的，"反应历程"这一概念直接反映了化学反应的多步性和复杂性。每一步都是基元反应，反应历程中最慢的反应控制了总包反应的速率，这一步反应称为反应速率的控制步骤。如 2018 年全国 Ⅰ 卷中提及对于 $2N_2O_5(g)\longrightarrow 4NO_2(g)+O_2(g)$，R.A.Ogg 提出如下反应历程：

第一步	$N_2O_5 \Longleftrightarrow NO_2+NO_3$	快速平衡
第二步	$NO_2+NO_3 \longrightarrow NO+NO_2+O_2$	慢反应
第三步	$NO+NO_3 \longrightarrow 2NO_2$	快反应

其中可近似认为第二步反应不影响第一步的平衡。下列表述正确的是_____。

A. v（第一步的可逆反应）$>v$（第二步反应）

B. 反应的中间产物只有 NO_3

C. 第二步中 NO_2 与 NO_3 的碰撞仅部分有效

D. 第三步反应活化能较高

引入"基元反应"的概念对于学生走出"将化学方程式等同于化学反应的过程"这一认识误区有极为重要的作用，同时也对学生正确理解化学反应是如何进行的有着重要意义。

学习任务

● 请用概念图表示并说明"基元反应""反应历程"与"化学反应速率""化学平衡""化学反应的方向""化学反应的限度"以及"化学反应的调控"等概念之间的关系。

● 请与同伴小组讨论"基元反应"与"反应历程"的学科认识功能。

● 如何设计高中阶段"基元反应"和"反应历程"内容的教学？

第 6 章
内容主题类核心概念进阶

- "无机物及其性质"核心概念进阶
- "元素周期律和周期表"核心概念进阶
- "水溶液化学"核心概念进阶
- "化学反应与能量"核心概念进阶
- "电化学"核心概念进阶
- "原子结构"核心概念进阶
- "有机物及其性质"核心概念进阶
- "化学变化"核心概念进阶

6.1 "无机物及其性质"核心概念进阶

"无机物及其性质"主题是中学化学教学内容的重要组成部分。该主题是学生认识繁杂多样的化学物质及其性质的基础，从义务教育阶段到高中必修阶段再到选择性必修阶段，学生将进行逐渐深入的学习，最终形成化学基本观念（见图6-1）。

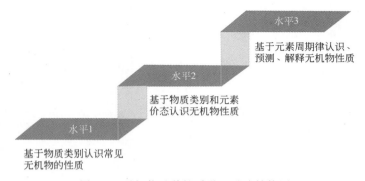

图 6-1　无机物及其性质学习进阶结构图

初中阶段主要基于生活常见的物质，认识物质的类别及其性质。譬如，人教版九年级化学第十单元的课题1中，以盐酸、硫酸为典型物质认识"酸"这一类别，酸类物质能使紫色石蕊试剂变红，能与 Mg、Zn、Fe 等活泼性较强的金属单质发生反应等，初步建立基于物质类别的物质转化思想，认识化学物质的多样性。

高中必修阶段主要结合物质类别与元素价态的视角建构物质间相互转化的思想，认识典型金属及其化合物与典型非金属及其化合物的性质。譬如，新人教版高中化学必修第一册第二章对钠的认识中，一方面可结合金属通性预测钠单质的性质（能与 O_2、酸、某些盐溶液反应），另一方面可从钠单质中钠元素呈 0 价来预测钠易失电子而被氧化，具有还原性，从而认识元素价态的多样性。另外，通过元素周期律，初步认识原子结构（最外层电子数、核外电子层数）与元素性质（原子半径、金属性、非金属性）、物质性质（氧化性、还原性等）的关系。

高中选择性必修阶段主要基于元素性质（原子半径、第一电离能、电负性）的周期性变化，认识元素位置（分区、族、周期）、原子结构（原子核外电子排布）与元素性质的关系，建构"位-构-性"认识模型，而后将其用于预测和解释物质的性质。譬如，新人教版高中化学选择性必修第二册第一章第二节中，第二周期的元素从锂到氟，元素对应的原子核外电子排布从 $2s^1$ 到 $2s^2p^5$，原子吸引电子形成化学键的能力越强，呈现电负性越大，因此由氟原子构成的 F_2 易得电子而具有较强氧化性。

学习任务

● 请与小组同伴讨论"无机物及其性质"主题所涉及的核心概念及其联系。

● 高中阶段应如何有效设计"无机物及其性质"主题大单元教学？

6.2 "元素周期律和周期表"核心概念进阶

作为高中化学课程的核心概念之一，"元素周期律和周期表"主题承载了认识元素性质和物质性质及其变化规律的指导性作用，其主要研究元素"位置-结构-性质"间的关系、物质"结构-性质-用途"间的关系、元素性质和物质性质及其递变规律等相关的理论知识。

目前已有研究者基于具体的认识视角对"元素周期律和周期表"主题概念教学内容进行整合，包括其涵盖的核心概念和对应的能力水平（如表6-1所示）。具体而言，多数学生在必修课程的学习历程中已建构起以代表物和核心观念为主线的学习水平，即达到水平1及水平2的层次。而水平3及水平4是学生对元素周期律认知的近侧发展区，即学生要通过元素"位置-结构-性质"论证元素性质的递变规律或借由物质"结构-性质-用途"来论证物质性质的递变规律，最后进阶至水平5（基于元素性质认识物质世界），以达到用元素周期律认知模型对未知元素性质的预测、解释及论证等能力。

表 6-1 学生对元素周期律概念认知发展的空间层次

学习进阶	学生认知结构的发展层次	核心概念和知识要求	能力水平
水平 1	基于代表物及分类观认识物质性质	元素、纯净物、单质、化合物、物质性质、化合价等	描述
水平 2	基于元素观认识物质性质	金属、非金属、氧化物、酸碱盐	描述、归纳
水平 3	基于"位置-结构-性质"认识元素性质	原子序数、原子结构模型、核外电子排布、元素性质等	解释
水平 4	基于"结构-性质-用途"认识物质性质	元素周期律（表）、化学键	解释、比较
水平 5	基于元素性质认识物质世界	物质结构、物质性质等	解释、论证、比较、预测

另外，也有研究者参考科学概念理解的发展层级模型，先从宏观层面规划教学内容，确立学习进阶点，提出元素周期律和周期表学习进阶假设（如图6-2所示）。接着再从微观层面厘清概念理解发展要求，继续划分"元素周期律和周期表"主题概念的学习进阶水平的具体表现，汇总得到必修阶段和选择性必修阶段关于元素周期律和周期表的概念学习进阶表现，如表6-2所示。

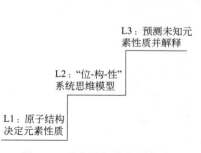

图 6-2 元素周期律和周期表
学习进阶假设

表 6-2　元素周期律和周期表的科学概念理解发展层级表现

层级	阶	具体表现
经验	L1	了解原子结构的构成、常见元素的基本性质
	L2	了解元素周期表中处于不同位置的元素的性质存在差异
	L3	了解元素周期表可以预测未知元素的性质
映射	L1	能够基于一定事实认识到不同元素的原子结构与元素性质存在差异
	L2	能够基于一定的数据信息从电离能、电负性等概念对元素位置、结构与性质的关系进行映射
	L3	能够基于一定事实推论第ⅠA族、第ⅦA族元素原子结构与性质间的关系
关联	L1	能够定性认识原子结构对元素性质的影响
	L2	能够定性认识电离能、电负性等与元素周期律的关系，初步了解"位-构-性"框架
	L3	能够定性认识元素周期律和周期表具有预测元素性质的功能
系统	L1	能够定量分析原子结构与元素性质的影响关系
	L2	能够定量分析电离能、电负性等与元素周期律的关系，运用"位-构-性"模型分析陌生元素
	L3	能够结合元素周期律的相关要素定量分析元素周期表中陌生元素的性质
整合	L1	能够理解得出"原子结构决定元素性质"概念的分析方法与意义
	L2	能够整合"位-构-性"模型，从元素角度分析物质性质，并认识科学模型对学习的作用与意义
	L3	能够整合运用元素周期律和周期表相关性质预测未知元素在元素周期表中的位置与应用，构建对科学类比观念的认识

学习任务

● 请尝试用概念图来梳理表 6-1 中所涉及的核心概念之间的联系。

● 请与同伴小组讨论"位置-结构-性质-用途"思想在该主题中的体现。

● 高中阶段应如何有效设计"元素周期律"主题大单元教学？

6.3 "水溶液化学"核心概念进阶

许多化学反应都是在水溶液中进行的,"水溶液化学"主题在中学化学中有着至关重要的地位。从义务阶段到必修阶段到选择性必修阶段,学生将进行逐渐深入的学习,最终形成化学基本观念。因此,对该主题学习进阶的研究可以为教师的教和学生的学提供帮助。

目前,国内有研究者以"溶液"为整体构建了高中"溶液"主题核心概念的学习进阶。有研究者结合课标、教材、已有研究,将高中溶液化学核心概念界定为"电解质、电离、离子反应、盐类水解",并基于化学家视角分类理论划分核心概念学习水平,即观念、识别、形式化、建构4个水平,如表6-3。从横向看,这4个核心概念存在从单角度到多角度的理解进阶;从纵向看,这4个核心概念存在从浅显到深刻的理解进阶。

表6-3 高中"溶液"进阶水平建构

核心概念	观念(notions)	识别(recognition)	形式化(formulation)	建构(construction)
电解质	基于已有的常识和经验仅从溶液是否导电的角度认识物质,尚未建立起正确的电解质概念	运用规范的化学术语准确描述电解质的概念;能够从电解质、非电解质的角度归纳物质所属种类	能够从强弱电解质的角度归纳物质并表述其在水溶液中的组成	从多角度认识电解质,建立微粒和守恒的观念
电离	基于常识和经验,从溶解的角度表达粗浅的宏观变化现象和特征。或者认为物质尽管溶解在水中,但物质本身没有发生变化,尚未建立起电离的概念	能够运用电离方程式表示物质在水溶液中的电离并能从电离的角度认识酸碱盐	能正确表示水和弱电解质电离平衡的建立及其特征,列举出其影响因素并判断电离平衡的移动;正确书写电离常数、水的离子积表达式并能说明其影响因素和变化规律	能够关注复杂体系中物质的电离并能基于此定量描述微粒浓度并进行相关推理
离子反应	基于已有经验进行简单数学推理和离子组合	能够初步识别反应发生的条件即有沉淀、气体或水生成并基于此正确书写离子方程式和判断离子共存	基于电子转移、络合物、弱电解质、电荷守恒等多角度正确书写离子方程式及判断离子共存	复杂体系中能关注溶液中的微粒及其之间的反应,定量认识微粒种类、数量、电荷之间的关系

核心概念	观念（notions）	识别（recognition）	形式化（formulation）	建构（construction）
盐类水解	基于已有常识和经验知道是有水参与的反应	能够用规范的语言表达盐类水解的实质；能正确书写盐类水解的离子方程式并判断盐溶液的酸碱性	能够准确表达盐类水解的规律、水解平衡的建立及其特征并列举出其影响因素及判断平衡的移动；能正确书写水解常数表达式并能说明其影响因素和变化规律	在复杂体系中能关注到盐类的水解，并能基于此定量描述微粒浓度及大小比较并进行相关推理

此外，有研究者根据课标学业要求将"水溶液中离子反应与平衡"主题学习划分为 3 个水平，具体如下。

水平 1　要求学生能够基于具体知识或技能解决问题，包括"能用化学用语正确表示水溶液中的离子反应与平衡"和"能进行溶液 pH 的简单计算，能正确测定溶液 pH，能调控溶液的酸碱性"。

水平 2　要求学生能够基于基本原理进行实验探究，如"能通过实验证明水溶液中存在的离子平衡"，此处的离子平衡包括电离平衡、水解平衡和沉淀溶解平衡。

水平 3　要求学生能基于认识模型分析解决问题，包括"能从电离、离子反应、化学平衡的角度分析溶液的性质，如酸碱性、导电性等""能综合运用离子反应、化学平衡原理，分析和解决生产、生活中有关电解质溶液的实际问题"。

此外，也有学者提出水溶液认识模型（图 6-3）。该模型涵盖了中学生在不同学段逐步建立与完善的物质、微粒与现象三个认识视角。在初中阶段，学生主要学习酸、碱、盐等代表物质，其认识水平侧重体现为"宏观-孤立-定性"；在高中必修阶段，在学习电解质与离子反应等知识后，其认识逐步发展为"微观-联系-定量"水平；在高中选择性必修阶段学习"水溶液中的离子反应与平衡"专题后，其认识进一步进阶至"微观-动态-系统-定量"水平。这些认识均有助于学生分析与解决关于物质的分离提

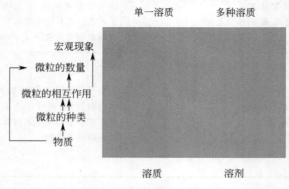

图 6-3　水溶液认识模型

纯、鉴别检验、制备合成与性质探究等问题。

✏️ 学习任务

- 请与小组同伴讨论"水溶液化学"主题所涉及的核心概念及其联系。

- 高中阶段应如何设计"水溶液化学"主题大单元教学？

6.4 "化学反应与能量"核心概念进阶

  "化学反应与能量"是所有与化学反应、能量有关的知识的概括性描述，主要包括义务教育阶段的吸热、放热反应；高中必修阶段的化学能与热能、化学能与电能、化学反应速率、化学反应限度；选择性必修阶段的原电池、电解池、金属的腐蚀与防护等。可见"化学反应与能量"贯穿整个中学化学，具有一定的重要性。

  由于"化学反应与能量"主题核心概念知识零散，学生难以形成模块化认识，因此有学者开始研究"化学反应与能量"的学习进阶。关于"化学反应与能量"主题的学习进阶主要有以下三种。

  第一种主要是按照学习阶段构建的学习进阶，其中，初三阶段为水平 1，要求学生掌握化学反应特征、能量变化形式的核心知识，学会正确判断吸热反应和放热反应；高一阶段为水平 2，要求学生理解化学能与热能、化学能与电能、化学反应速率、化学反应限度；高二阶段为水平 3，要求学生运用盖斯定律进行计算，正确理解原电池、电解池的知识，并应用原电池、电解池的原理理解电化学的防护和电化学的腐蚀等，如图 6-4 所示。第二种是在分析教材的基础上，根据学生的认知发展规律将"化学反应与能量"的学习进阶划分为 6 个水平，主要要求学生掌握宏观现象、微观化学

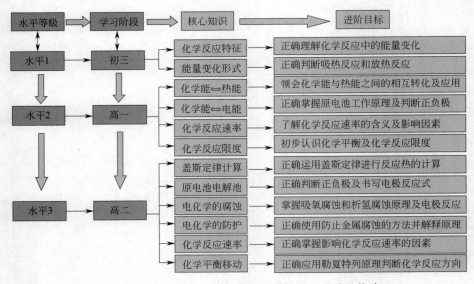

图 6-4 中学"化学反应与能量"模块学习进阶的构建

键本质、能量转化守恒和应用等角度的知识，如图 6-5 所示。第三种基于图 6-4 和图 6-5，综合了新课程标准、教材内容、学生认知发展规律，从定性、定量的角度划分为 3 个水平，如图 6-6 所示。

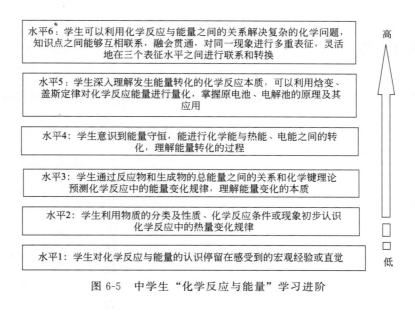

水平6：学生可以利用化学反应与能量之间的关系解决复杂的化学问题，知识点之间能够互相联系，融会贯通，对同一现象进行多重表征，灵活地在三个表征水平之间进行联系和转换

水平5：学生深入理解发生能量转化的化学反应本质，可以利用焓变、盖斯定律对化学反应能量进行量化，掌握原电池、电解池的原理及其应用

水平4：学生意识到能量守恒，能进行化学能与热能、电能之间的转化，理解能量转化的过程

水平3：学生通过反应物和生成物的总能量之间的关系和化学键理论预测化学反应中的能量变化规律，理解能量变化的本质

水平2：学生利用物质的分类及性质、化学反应条件或现象初步认识化学反应中的热量变化规律

水平1：学生对化学反应与能量的认识停留在感受到的宏观经验或直觉

图 6-5　中学生"化学反应与能量"学习进阶

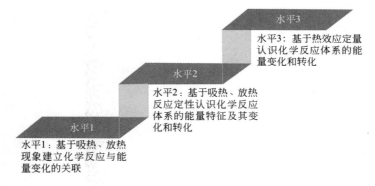

水平3：基于热效应定量认识化学反应体系的能量变化和转化

水平2：基于吸热、放热反应定性认识化学反应体系的能量特征及其变化和转化

水平1：基于吸热、放热现象建立化学反应与能量变化的关联

图 6-6　"化学反应与能量"主题核心概念进阶

水平 1　基于吸热、放热现象建立化学反应与能量变化的关联，指在人教版化学九年级上册第七单元课题 2 "燃料的合理利用与开发"认识化学反应会伴随能量变化，通常表现为热量的变化。

水平 2　基于吸热、放热反应定性认识化学反应体系的能量特征及其变化和转化，指在新人教版高中化学必修第二册第六章第一节"化学反应与能量变化"将化学反应分类为吸热反应和放热反应；从宏观物质的能量和微观化学键的键能两个角度解释化学反应中能量变化的原因；认识化学能可以转化为热能、电能等其他形式的能量。

水平 3　基于热效应定量认识化学反应体系的能量变化和转化，指在新人教版高中化学选择性必修 1 第一章"化学反应的热效应"认识反应热及其表现形式；基于 ΔH 定量认识化学反应体系的能量变化和转化。

📝 学习任务

● 请与同伴小组讨论"化学反应与能量"主题学习进阶的其他可能划分标准。

● 如何基于学习进阶开展"化学反应与能量"主题大单元教学？

6.5 "电化学"核心概念进阶

　　"电化学"主题核心概念是所有与电化学原理有关的模块知识的概述性描述，具体包括义务教育阶段的电解；高中必修阶段的原电池概念及工作原理；选择性必修阶段的原电池和电解池的工作原理、反应实质及微观本质，金属的电化学腐蚀与防护等。

　　然而由于不同学习阶段的学生的知识、能力存在差异，故教材的编写者在设计教材之时便要考虑预设何种认识思路，以确定教师所要达到的教学目标，因此，教材的编排顺序、内容选取及重点难度设置均大有深意。目前已有研究者将鲁科版新教材设计预设的认识思路整理如图 6-7 所示。

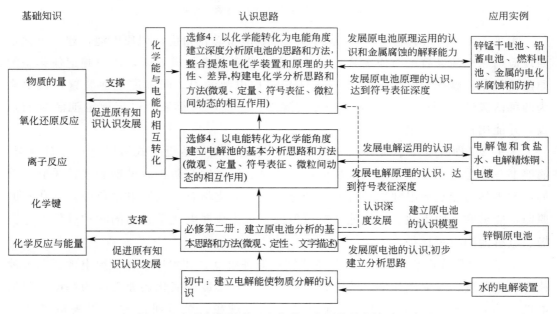

图 6-7　鲁科版新教材"电化学"主题设计的认识思路

　　基于此，许多研究者结合教材和课标，以图意会编者设计的编排思路，发展电化学知识的进阶。目前研究中较具代表性的为吴有萍通过设计测试题目分别对高一至高三的学生进行整个"电化学"主题的进阶假设验证，总结得出的四种模型水平：①认识原电池模型，能够辨识记忆、概括关联简单原电池原型；②理解原电池和电解池模型，能够书写电极反应，概括关联腐蚀与防护；③形成系统认识模型，能够分析预测反应过程；④运用电化学模型推理陌生复杂装置，能够在三个表征水平之间灵活转换，如图 6-8 所示。

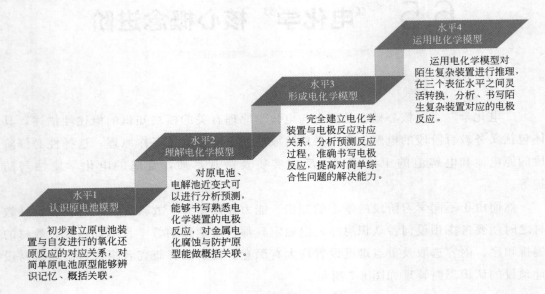

图 6-8　"电化学"主题核心概念进阶

水平 1（认识原电池模型）　是指能从宏观能量转化角度认识原电池，建立氧化还原反应与原电池装置的对应关系，了解原电池装置基本构成要素，认识并记住典型的原电池模型。譬如，学生通过 Zn-Cu-H_2SO_4 原电池学习，明确原电池装置构成要素为两种活泼性不同的电极材料、电解质溶液、导线，判断某个给定原电池装置的负极，并能用符号表征电极反应。

水平 2（理解电化学模型）　是指能对原电池、电解池近变式可以进行分析预测，能够书写熟悉电化学装置的电极反应，对金属电化腐蚀与防护原型能做概括关联。譬如，学生学习能从原电池原理分析解释金属发生电化学腐蚀（原电池负极被氧化）的原因，能够联系原电池、电解池装置模型探寻防止金属电化学腐蚀的防护（原电池正极、电解池阴极被保护）方法。

水平 3（形成电化学模型）　是指能够从原理维度、装置维度建立原电池、电解池核心认识角度，建立电化学系统认识模型。其原理维度以氧化还原反应为基础，包括电极反应物、电极产物、过程，同时包含反应现象；装置维度包括得失电子场所（正、负极或阴、阳极材料）、电子导体（导线）、离子导体（电解质溶液或盐桥、离子交换膜）。譬如，学生能够系统理解原电池与电解池之间的电极关系（原电池负极与电解池阴极相连，原电池负极与电解池阳极均失去电子，发生氧化反应），建立比较清晰的依据已知氧化还原反应设计电池装置的思路和方法。

水平 4（运用电化学模型）　是指能够运用电化学模型对陌生复杂装置进行推理，在三个表征水平之间灵活转换，分析、书写陌生复杂装置对应的电极反应。电化学原理注重与其他板块知识间的综合考查，注重联系电化学原理在化学工艺、科技、生活中的应用，突出了理论联系实际的考核理念。譬如，学生自主调用原电池认识模型对陌生复杂的装置进行分析；能书写陌生复杂电极反应式；能系统分析复杂电化学过程（涉及电极反应、电解质溶液的变化、带电微粒的定向移动）。

另外，有研究者利用各大核心概念总结出学习进阶建构，并在知识进阶式研究的基础上补充了认识深度的进阶水平，具体如表6-4所示。

表6-4　鲁科版教材中电化学核心知识的进阶

进阶水平	核心概念	预期水平	相关联的知识	认识深度
水平4：选修4阶段	原电池、化学电源、金属的腐蚀和防护	化学能转化为电能，以研究电解原理相似方式探索原电池的形成条件、电极反应、微粒移动等，并推广到生产生活中的化学电源的学习以及金属的电化学腐蚀、危害和防护措施。涉及相关定量计算	化学能转化为电能	宏观、定性、符号表征
			单液电池、双液电池、原电池工作原理	微观、定量、动态的相互作用、符号表征
			各类化学电源的工作原理	
			金属的腐蚀与防护	
水平3：选修4阶段	电解池、电解、电镀	在化学反应与能量转化的主题下，学习电能转化为化学能，深入研究电解原理，包括构成条件、电极反应、微粒移动等，学习电解原理在制备物质、电解精炼、电镀方面的运用，涉及离子、电子等微粒的定量计算	化学反应伴随能量转化	微观、定量、动态的相互作用、符号表征
			电能转化为化学能、电解原理	
			用电解原理制备物质、电解精炼、电镀等	
水平2：必修2阶段	原电池	了解人类利用化学反应提供能量的科学事实，对原电池的工作原理，只要求学生能做到"看图说话"，会根据图示解释实验中发生的现象，原电池的形成条件、电极反应此阶段不作要求	化学键的破坏与生成伴随能量变化	微观、定性
			自发的氧化还原反应能设计成电池、工作原理初步认识	微观、定性、动态的相互作用、符号表征
			利用化学反应为人类提供能源	宏观、定性、文字描述
水平1：初中阶段	电解	水分解为氢气和氧气需要较高能量，条件为电解或者高温分解。不要求理解电解原理	水由氢元素和氧元素组成，水分子的原子构成比例	微观、定量、符号表征
			分解水需要消耗电能或极高温度	宏观、定性

综上所述，"电化学"主题的知识进阶研究是近年研究的热点，许多研究者热衷于基于整个"电化学"主题或其中所涵盖的某一核心概念进行假设进阶存在，再通过对不同学习阶段学生进行测查来验证并逐步修订和完善学习进阶。不仅如此，目前的进阶研究已逐步从定性到定量发展，已有基于Rasch模型的电化学概念量表被开发编制出来，以图测查学生对电化学概念的理解，以此来向教师及时反馈学生学习水平的进阶。

- 请与同伴小组讨论"电化学"主题各个学习阶段的能力层级变化。

- 高中必修与选择性必修阶段关于"电化学"主题概念教学的开展有何不同？

- 高考复习应如何有效设计"电化学"主题大单元教学？

6.6 "原子结构"核心概念进阶

　　"原子结构"主题核心概念作为学生认识化学微观世界的重要载体，是学习元素周期律、分子结构和晶体结构等内容的重要基础，是解释和预测元素性质的重要理论，也是发展学生"宏观辨识与微观探析"素养的重要支点。

　　目前已有研究者对该主题的学习进阶进行整合划分，其中较具代表性的为郑长龙提出的"原子结构"主题进阶设计，整理如图 6-9 所示。

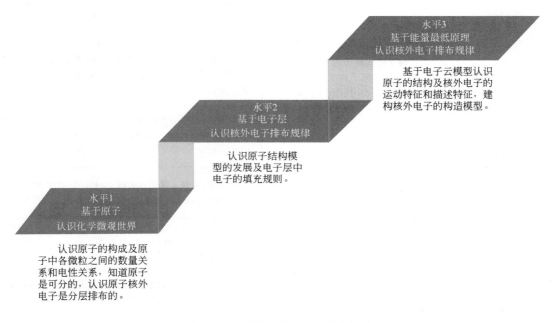

图 6-9　"原子结构"主题进阶设计

　　水平 1（基于原子认识化学微观世界）　体现在初中阶段中认识原子是可分的，原子的构成及原子中各微粒之间的关系，以及用原子结构示意图表示简单原子的核外电子排布。譬如，分子与原子、原子的构成等课题。

　　水平 2（基于电子层认识核外电子排布规律）　体现在高中必修阶段认识原子结构模型的发展和电子层中电子的填充规则，并基于该规则画出 1～20 号元素的原子结构示意图。譬如，高中化学必修第一册中原子结构与元素周期表等章节。

　　水平 3（基于能量最低原理认识核外电子排布规律）　体现在高中选择性必修阶段基于电子云模型认识原子的结构及核外电子的运动状态和排布规律，并画出 1～36 号元素原子的电子排布式和轨道表达式。譬如，高中化学选择性必修 2 中构造原理和电子排布式、泡利原理、洪特规则和能量最低原理等内容。

另外，有研究者认为，学生需要理解的微观模型越来越复杂，空间能力的要求也逐级增加，于是对各阶段涉及的空间模型进行学习进阶分析，并探索在此基础上整体规划教学，构建出的物质结构空间模型的学习进阶发展水平如表 6-5 所示。

表 6-5　物质结构空间模型的学习进阶

进阶水平	微观模型	预期水平	空间能力预期水平
水平 1	玻尔原子模型	电子分层排布，绕核以特定的轨道作高速圆周运动	空间视觉：电子在特定轨道绕核圆周运动
			空间定位：电子有不同的圆周运动轨道，并且是高速运动
			空间关系：电子分层排布，能量低的电子圆周运动半径小，能量高的电子圆周运动半径大
水平 2	电子云模型原子轨道模型	建立现代量子力学的原子结构模型，掌握原子轨道的形状和空间伸展方向，会用原子轨道和电子云模型描述电子的运动状态	空间视觉：掌握电子云模型和原子轨道(s、p)的空间形状
			空间定位：了解电子云的空间构型；掌握 s、p 轨道的空间伸展方向，能根据建立的三维坐标系从不同角度观察或想象轨道的形状特征
			空间关系：能想象不同能层的 s、p 轨道在空间上的关系；理解同能级 p_x、p_y、p_z 的空间关系；理解电子云与原子轨道的联系
水平 3	分子空间模型杂化轨道模型共价键模型	原子轨道重叠形成共价键，共价键有饱和性、方向性；共价键根据轨道重叠方式分为 σ 键和 π 键，共价键的键能、键长、键角可以用来描述键的强弱和分子的空间构型；会用杂化轨道理论判断分子的成键方式和空间构型	空间视觉：掌握 σ 键和 π 键的空间形状；掌握直线形、V 形、平面三角形、三角锥形、四面体形分子空间模型
			空间定位：懂得 σ 键呈轴对称，π 键呈镜面反对称；能从空间不同角度观察和分析平面三角形、三角锥形、四面体形分子空间模型
			空间关系：能辨析 σ 键和 π 键的区别与联系；能辨析 V 形、平面三角形、三角锥形、四面体形分子空间模型的区别和联系
水平 4	常见晶胞模型，石墨、金刚石、二氧化硅、晶体硅等典型物质的立体空间模型，密堆积模型	了解常见金属的堆积方式；了解石墨、金刚石、晶体硅等典型物质的空间构型；了解常见晶体晶胞的空间构型，能确定配位数，能根据晶胞确定晶体的组成并进行相关的计算	空间视觉：认识常见金属晶体的三种密堆积模型(A1、A2、A3)，认识石墨、金刚石、晶体硅、二氧化硅等典型物质的立体空间构型及晶胞构型；认识氯化钠晶胞、氯化铯晶胞、硫化锌晶胞和氟化钙晶胞的构型特点
			空间定位：能从不同角度观察和分析三种密堆积模型，总结各原子在空间的位置特点和配位数；掌握石墨、金刚石等典型物质空间构型的特点，能从不同角度观察、分析其空间结构特点和晶胞特征；能判断几种典型晶胞的结构特点，能从不同角度观察和分析各个原子(离子)在晶胞中的位置，并分析配位数

进阶水平	微观模型	预期水平	空间能力预期水平
水平 4	常见晶胞模型，石墨、金刚石、二氧化硅、晶体硅等典型物质的立体空间模型，密堆积模型	了解常见金属的堆积方式；了解石墨、金刚石、晶体硅等典型物质的空间构型；了解常见晶体晶胞的空间构型，能确定配位数，能根据晶胞确定晶体的组成并进行相关的计算	空间关系：能辨析三种密堆积模型的区别，理解金刚石等立体空间结构与对应晶胞的联系；综合比较几种晶胞（CaF_2、ZnS、金刚石、晶体硅、SiO_2 的晶胞）模型的联系与区别

学习任务

● 参考本书第 1 章与第 2 章的核心概念，绘制以"原子结构"为中心的概念图。

● 如何有效设计"原子结构"主题大单元教学？

6.7 "有机物及其性质"核心概念进阶

有机化学是高中化学的核心组成部分之一,它既是课程标准中重点要求的内容,同时也是高考理综化学侧重考察的内容,在高中化学课堂教学中占有重要地位。但是有机物性质一直是高中化学学习的难点之一。学生之所以感到难学,原因在于,学生还没有建立起有机化学的认识方式。为了学生能更好地学习有机化学,许多研究者结合教材、课标以及文献对"有机化学及其性质"这一主题进行了进阶水平的划分。

不同学者对"有机物及其性质"这一主题的进阶划分方法有所差异。目前有 3 种具有代表性的该主题进阶的划分方法。

有学者将其划分为 3 个水平,具体描述如下。

水平 1 基于生活经验认识日常生活中常见的有机物。该水平的预期表现为在初中阶段,学生能基于有机物的广泛应用,认识有机物的多样性;能基于有机物的应用辨识日常生活中常见的有机物。譬如能认识糖类、蛋白质等常见的有机物。

水平 2 基于代表物认识有机物的多样性、转化关系及构性关系。该水平预期表现是在高中必修阶段,学生能基于对甲烷、乙烯、乙醇、乙酸乙酯等代表物的主要性质的探究,认识有机物的多样性、有机物之间的转化关系和有机物的构性关系;能基于碳骨架写出简单烷烃的同分异构体;能描述代表有机化合物的性质;能概括碳原子的成键特征。譬如认识乙烯、乙醇、乙酸的结构及其主要性质与应用。

水平 3 基于官能团系统认识有机物的多样性、转化关系及构性关系。该水平预期表现是在高中选修阶段,学生能基于对官能团的特征性质的探究,认识有机物的多样性、有机物之间的转化关系和有机物的构性关系;能基于构造异构和立体异构写出同分异构体;能描述官能团的性质;能设计有机物的合成路线。譬如能综合应用有关知识完成推断有机化合物、检验官能团、设计有机合成路线等任务。这种进阶划分的进阶图如图 6-10 所示。

另外,也有两名学者将"有机物及其性质"这一主题划分为两种不同的 5 个水平的进阶。与上述划分方法不同的是,这两种划分方法更多的是对高中阶段该主题的进阶。第二种划分方法是对"烃的衍生物"主题进阶进行划分(表 6-6)。第二种划分方法水平名称与预期表现如下。

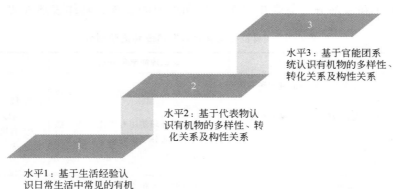

水平3：基于官能团系统认识有机物的多样性、转化关系及构性关系

水平2：基于代表物认识有机物的多样性、转化关系及构性关系

水平1：基于生活经验认识日常生活中常见的有机物

图 6-10 "有机物及其性质"第一种进阶划分

水平 1 能知道各种烃的衍生物的物理性质和化学性质。处于该水平学生能描述每一类物质的物理性质和化学性质，能利用性质进行区分各类物质。

水平 2 能用符号表征化学反应。处于该水平的学生能准确写出每一个典型物质反应的化学方程式。

水平 3 能理解物质转化与官能团转化的内在联系。处于该水平的学生能将每一种官能团的性质进行归类与描述。

水平 4 能建立物质转化的关系图。处于该水平的学生能从烃类物质出发，写出各类物质间的转化路线，能清楚每一种转化路线的条件。

水平 5 能利用已有知识合成简单有机化合物。处于该水平的学生能从原料设计合理路线制备目标产物，能准确写出每一步的反应条件。

表 6-6 "有机物及其性质"第二种进阶划分

烃的衍生物		
成就水平	维度项目	各水平预期表现
水平 5 （能利用已有知识合成简单有机化合物）	大分子或高分子化合物合成流程	1. 能从原料设计合理路线制备目标产物 2. 能准确写出每一步的反应条件
水平 4 （能建立物质转化的关系图）	有机物转化关系图	1. 能从烃类物质出发，写出各类物质间的转化路线 2. 能清楚每一种转化的条件
水平 3 （能理解物质转化与官能团转化的内在联系）	官能团性质	能将每一种官能团的性质进行归类与描述
水平 2 （能用符号表征化学反应）	化学方程式	能准确写出每一个典型物质反应的化学方程式
水平 1 （能知道各种烃的衍生物的物理和化学性质）	典型有机物的性质	1. 能描述每一类物质的物理和化学性质 2. 能利用性质区分各类物质

第三种划分方法虽然也是划分为 5 个水平，但是与第二种更加侧重知识和能力的划分不同，第三种划分方法是对高中阶段的"有机物及其性质"主题的划分（表 6-

7），且在水平 4 和 5 部分有对学生思维方法和思想的要求，具体表述如表 6-7 所示。

表 6-7　"有机物及其性质"第三种进阶划分

进展阶段	核心知识类型	知识理解水平分解	进阶目标
水平 5	T13 有机化合物使用的利与弊以及环境保护 T11 有机合成时代—新型高分子功能材料 T12 结构决定性质思想、微观与宏观思想	建立微观与宏观相结合、结构决定性质的思想； 能够正确合理使用有机化合物。熟悉新型有机高分子材料的发展状况和应用前景	1. 能正确设计出有机合成路线 2. 有机高分子化合物的合成
水平 4	T9 有机推断——正推法、逆推法、正逆互推法 T8 有机合成——正合成分析法、逆合成分析法 T7 分析——有机化合物分子结构测定	熟练掌握有机化合物的分子结构测定方法（红外光谱法、质谱法以及核磁共振氢谱）；使用有机合成常用方法——逆向分析法、正向分析法； 能够利用所给信息，利用正推法、逆推法	1. 能理解有机官能团的结构 2. 有机物性质与性质两者关系
水平 3	T10 常见有机化学实验设计——原理、仪器、操作 T6 同分异构体种类判断以及书写 T5 有机化学反应类型判断及反应机理	准确判断有机物同分异构体；熟悉常见有机反应类型（取代反应、加成反应、消去反应、氧化反应）；熟悉常见有机化学实验	能够熟练掌握有机化合物性质、同分异构体
水平 2	T3 烷烃、烯烃、炔烃、芳香烃以及卤代烃结构和性质 T4 烃的含氧衍生物——醇、酚、醛、羧酸、酯性质	熟练掌握脂肪烃（烷烃、烯烃、炔烃）、芳香烃（苯和苯的同系物）以及卤代烃官能团、空间构型以及物理性质、化学性质； 熟练掌握烃的含氧衍生物的结构和性质以及相互转化关系	烃和烃的含氧衍生物性质知识
水平 1	T1 碳原子空间构型、杂化类型及成键特点 T2 有机化合物的分类以及结构特点	理解碳原子结构特征，成键特点以及杂化方式；熟悉常见有机化合物的种类、官能团，以及有机物的命名规则和有机物的分子结构、空间构型	初步为有机化学学习做好前期知识储备和学习方法、技能训练

水平 1：理解碳原子结构特征、成键特点以及杂化方式；熟悉常见有机化合物的种类、官能团，以及有机物的命名规则和有机物的分子结构、空间构型。

水平 2：熟练掌握脂肪烃（烷烃、烯烃、炔烃）、芳香烃（苯和苯的同系物）以及卤代烃的官能团、空间构型以及物理性质、化学性质；熟练掌握烃的含氧衍生物的结构和性质以及相互转化关系。

水平 3：准确判断有机物同分异构体；熟悉常见有机反应类型（取代反应、加成反应、消去反应、氧化反应）；熟悉常见有机化学实验。

水平 4：熟练掌握有机化合物的分子结构测定方法（红外光谱法、质谱法以及核磁共振氢谱）；使用有机合成常用方法——逆合成分析法、正合成分析法；能够利用所给信息，利用正推法、逆推法等。

水平5：建立微观与宏观相结合、结构决定性质的思想；能够正确合理使用有机化合物。熟悉新型有机高分子材料的发展状况和应用前景。

学习任务

- 请尝试用概念图来梳理表6-7中所涉及的核心概念之间的联系。

- 请与同伴小组讨论"组成/结构-性质-用途"思想在该主题中的体现。

- 如何有效设计"有机物及其性质"主题大单元复习课教学？

6.8   "化学变化"核心概念进阶

"化学变化",又称"化学反应",是中学化学课程中的核心概念,贯穿学生化学学习的整个过程。对学生化学变化学习进阶的研究可以揭示学生关于这部分的理解及运用是如何逐渐发展、逐渐深入的。目前,国内关于化学变化进阶划分主要有以下两种。

第一种以课程内容为主线,基于课标、教材等对化学变化进行进阶划分。譬如,有研究者提出将化学反应内容划分为方向、历程、速率、限度、特征 5 个方面,并发现中学生对化学反应的学习大致可分为感知阶段、定性阶段、定量阶段 3 个水平。

水平 1   要求学生能认识到化学反应的发生需要一定条件,这个过程有新物质的生成并伴随能量变化。并且这是原子重组的过程,因此反应过程中遵循质量守恒定律。化学反应有快有慢,催化剂能改变反应的快慢。

水平 2   要求学生能认识到化学反应具有方向性,并且在一定条件下反应物不能彻底转化为生成物。化学反应是旧键断裂新键形成的过程,这是化学反应能量变化的本质原因。化学反应的快慢可以用化学反应速率表示,浓度、温度、压强等外界条件会影响反应速率。

水平 3   要求学生能判断反应自发进行的方向及平衡移动的方向,能定量表征化学反应速率和化学反应中的能量变化,能利用氧化还原反应实现电能到化学能的转化,并且能够设计金属的冶炼和防护方法。

与第一种相比,第二种划分方式侧重利用评价系统开发学习进阶。譬如,有研究者结合认知心理学研究,基于 ChemQuery 评价系统对概念进行进阶划分,即观念、识别、形式化、建构 4 个进阶水平。

水平 1   要求学生能够基于一般的感知和日常经验,表达关于物质变化的想法和对物质变化的宏观描述。

水平 2   要求学生能关注概念的单一方面,如使用规范化的化学术语、符号,描述和表征物质性质和变化;能认识到化学变化中微粒重组形成新物质,识别化学变化过程中质量变化、原子元素守恒和微粒数量守恒。此时的分析途径局限于从一个概念到另一个概念的简单理解。

水平 3   要求学生能逐渐发展一种连贯的理解。譬如,从微观的原子-分子水平理解物质变化时微粒之间的转化关系和质量关系;能解释氧化还原反应中化合价的变化和电子转移关系。此时的推理局限于简单水平，关注信息的多个方面，但可能是零散的、不全面的；在新情境下，其解释试图将两种相互关联的概念建立联系。

水平4　要求学生能将概念模型的多个方面关联起来，并使用规范化模型（如微观模型、平衡模型、公式模型）进行推理和解释，预测物质性质与变化。

学习任务

● 请参考本书第5章的核心概念，绘制以"化学变化"为中心的概念图。

● 高中必修与选择性必修阶段关于"化学变化"主题概念教学的开展有何不同？

● 如何有效设计"化学变化"主题大单元复习课教学？

第 7 章
学科观念类核心概念进阶

- "元素观"核心概念进阶
- "微粒观"核心概念进阶
- "分类观"核心概念进阶
- "模型观"核心概念进阶

7.1 "元素观"核心概念进阶

元素是化学学科的基础，是化学家研究物质及变化的认识层次之一。元素观则是人们对物质的基本组成成分所持有的看法，反映了人们从物质的化学组成方面来认识常见物质的性质和变化规律的思维倾向。作为学科核心素养之一的"宏观辨识与微观探析"，凸显了宏观与微观相结合的研究视角，也包含了元素观的具体内涵。因此，建立元素观，有利于"宏观辨识"素养的形成。

如图 7-1 所示，元素观的具体内涵可分为"认识元素""从元素角度认识物质""从元素角度认识变化"三个维度。"认识元素"这一维度下的元素观内涵具体为：每一种元素对应一类原子，由于原子不容易发生变化，所以元素不容易发生变化；元素的性质随原子核外电子排布呈现出周期性变化的规律，元素周期表是这一规律的具体体现形式。"从元素角度认识物质"这一维度下的元素观内涵具体为：世界上的物质（包括天然存在和人工合成的）都是由元素组成的，元素是组成物质的基本成分，100 多种元素组成了世界上的数千万种物质；从组成成分的角度看，物质的性质（主要是化学性质）首先取决于其元素组成，其次取决于元素在物质中所处的价态。"从元素角度认识变化"这一维度下的元素观内涵具体为：通常我们见到的物质千变万化，只是化学元素的重新组合，在化学反应中元素不变（种类不变、质量守恒）。

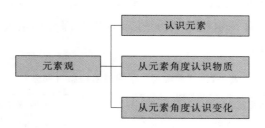

图 7-1　"元素观"内涵的 3 个维度

借鉴化学家们对元素概念的认识发展历程，结合中学化学课程知识，可以将元素观在中学化学课程中的进阶过程分为如图 7-2 所示的"宏观认识""微观认识""宏微结合认识"3 个阶段。

① "宏观认识"阶段要求学生通过元素、单质、化合物等概念的学习理解元素的描述性定义，知道物质世界与有限元素之间、物质性质与组成成分之间有内在联系；

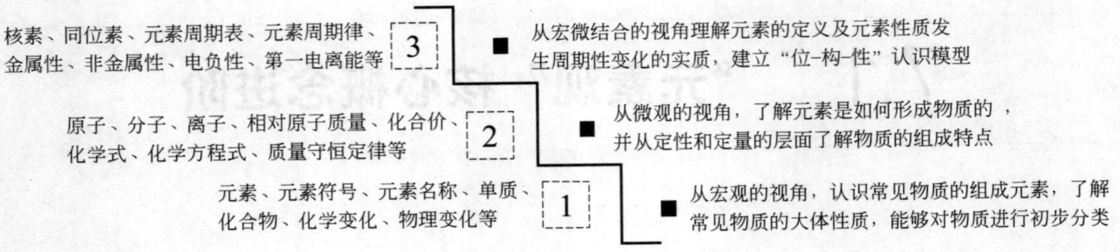

核素、同位素、元素周期表、元素周期律、 **3** ■ 从宏微结合的视角理解元素的定义及元素性质发
金属性、非金属性、电负性、第一电离能等 生周期性变化的实质，建立"位-构-性"认识模型

原子、分子、离子、相对原子质量、化合价、 **2** ■ 从微观的视角，了解元素是如何形成物质的，
化学式、化学方程式、质量守恒定律等 并从定性和定量的层面了解物质的组成特点

元素、元素符号、元素名称、单质、 **1** ■ 从宏观的视角，认识常见物质的组成元素，了解
化合物、化学变化、物理变化等 常见物质的大体性质，能够对物质进行初步分类

图 7-2 "元素观"观念进阶

初步形成世界统一于物质、物质统一于有限元素、元素按照一定的规则和要求组成物质的认识。

②"微观认识"阶段则基于原子、分子、化合价、化学式等帮助学生形成对物质组成的微观层次认识，使学生能根据相对原子质量对物质中各组成成分进行定量表示，理解质量守恒定律的实质，在了解原子结构的基础上，初步认识到元素是如何形成物质的，形成元素的化学性质与元素原子的电子壳层结构密切相关的观念。

③"宏微结合认识"阶段则要求学生以深入认识原子内部结构为基础，理解元素、核素的科学定义以及同位素现象，理解元素周期律的本质，熟练运用元素周期表来指导自己对化学的深入学习，形成"位-构-性"三位一体的元素认识思想。

此外，也有研究者提炼出"物质""变化""能量"这 3 个科学的跨学科"共通"概念，依据包含进阶终点、进阶维度、成就水平、学业表现和测评根据 5 个要素的学习进阶理论，建立起化学元素观的学习进阶框架。如表 7-1 所示，该进阶框架将元素观的发展分为 4 个水平：水平 1 是初中阶段的单一角度认识元素；水平 2 是必修阶段从微观、物质多样性和变化可认知的角度认识元素；水平 3 是选择性必修阶段从热力学、动力学、生命活动角度认识元素；水平 4 是从动态、整体、联系、转化的角度认识元素。虽然该框架具有一定的参考价值，但其中部分内容似乎泛化了元素观的内涵，这是值得商榷的地方。

表 7-1 "元素观"学习进阶框架（部分）

核心概念认知发展层次				"共通"概念认知发展阶段			
进阶水平	核心概念	核心价值	能力水平	物质	变化	能量	主题活动
水平 2（必修第一、二册从微观、物质多样性与变化可认知的角度认识元素）	化学反应速率、化学平衡、有效碰撞、K、ΔH、K_w、K_a、K_{sp}	以微观、平衡、定性与定量多重视角，分析、解释、预测、判断、设计、调控化学反应等	定量、描述、理解、判断、应用、预测、解释、调控	物质在发生变化时的能量转换、反应速率、反应限度可以定量描述、定量调控	有效碰撞是影响化学反应速率的主要外因，可逆反应具有一定限度并且可以改变	催化剂、温度、压强、浓度影响化学反应速率和限度，都与活化能、活化分子有关	通过实验探究、分析合成氨发生反应的条件，建构用热力学、动力学分析化学反应的模型

进阶水平	核心概念认知发展层次			"共通"概念认知发展阶段			
	核心概念	核心价值	能力水平	物质	变化	能量	主题活动
水平2(必修第一、二册从微观、物质多样性与变化可认知的角度认识元素)	元素周期律、元素周期表	通过位置、结构、性质之间的联系建立元素与物质世界的联系	解释、比较、归纳、预测	理解物质多样性与有序性的本质原因	从结构、性质、用途论证物质性质的递变规律	元素及其化合物活泼性、稳定性的变化规律	应用元素周期表预测元素及其化合物性质和在实践中的应用
	氧化还原反应、氧化剂、还原剂	建立元素的原子在化学变化中是否发生电子转移的认识视角	认识、理解、辨别、判断、应用	氧化性和还原性是认识、预测物质性质和物质分类的新视角	物质所含元素化合价升与降、电子得与失、氧化与还原对立统一	化学能与电能可以相互转换并可为人类提供能量和物质	依据物质所含元素的化合价预测物质的性质并通过实验验证
	电离、离子反应、离子方程式	以微观、平衡、定性与定量多重视角,认识水溶液中不同电解质的行为	认识、理解、判断、解释	水溶液和熔融状态的导电性是对化合物进行分类的新视角	水溶液中物质的行为与存在状态有其特点和共性	物体导电的微粒本质是自由电子或离子的定向移动	定量探究电解质在水溶液中发生反应时离子浓度的变化
水平1(初中阶段,对元素认识的角度比较单一)	化学方程式、原子、分子、离子	初步建立对物质"宏观-微观-符号"三重表征思维方式	描述、理解、应用	元素在物质中存在游离态和化合态两种形态	元素的原子在化学变化中可迁移、可组合、不变化	物质在一定条件下发生反应,同时伴随能量变化	从物质分类的角度认识混合物、纯净物、化合物、氧化物
	元素、元素符号、化合价、化学式	建立从元素的视角理解物质多样性的思维方式	认识、形成、解释	基于代表物认识物质由元素组成而且组成一定	化学变化实质是原子间重新组合且数量与种类不变	水在电解条件下分解成氢气和氧气	水的组成探究

![学习任务图标] **学习任务**

● 请以"元素观"为主线梳理相关概念之间的联系,并绘制概念图。

● 请与同伴讨论应如何在初中与高中阶段引导学生建构与发展"元素观"?

● 如何有效设计"元素观"主题大单元(中考、高考)复习课教学?

7.2 "微粒观"核心概念进阶

从化学学科课程性质上看，化学是在分子、原子水平上研究物质的组成、结构、性质、转化及其应用的一门基础学科，其特征之一即是从微观层次认识物质，这也是化学学科的教育价值之一。《普通高中化学课程标准（2017年版2020年修订）》将"宏观辨识与微观探析"作为化学学科核心素养之一，凸显了以宏观与微观视角分析与解决实际问题的重要意义。从初中化学启蒙教育开始至高中选择性必修中化学反应原理的学习，"微粒观"自始至终地发挥着重要作用。努力发展、培养学生的化学"微粒观"，形成从宏微观相结合的视角认识身边的物质世界的思维方法，不仅有助于提高学生自身的科学素养，更是为学生以后更好地认识世界、改造世界奠定基础。

微粒观的内涵界定基本都是对"物质微粒理论"的进一步丰富，主要内涵包括：物质世界是由分子、原子、离子等微观粒子构成的；微观粒子很小，它们的体积和质量无法用常规的量器度量，也不方便用常规的单位表示；微观粒子本身是有能量的、不断运动的、彼此有间隔的；在构成物质的微观粒子中，原子是最为基本的，它既能直接构成物质，又能先构成分子或离子，再由分子、离子构成物质，并且在一般条件下物质发生化学变化时，分子、离子会发生变化，而原子保持不变；微观粒子之间存在着相互作用，原子间通过不同的相互作用共存或结合成分子。这一内涵可进一步凝练为物质微粒观、微粒性质观和微粒作用观（见图7-3），分别侧重微粒构成物质、微粒自身的性质、微粒间的相互作用。另外，微粒观本身即存在着明显的认识发展层次（图7-4）。初中阶段学生认识到物质是由微粒构成的，初步建立起物质微粒观；高中阶段学生逻辑思维能力日趋成熟，在对物质性质和变化现象的感性认识基础上，逐步深入物质内部结构、从微观层面揭示物质的性质和变化的本质与规律。学生在学习过程中进一步拓展、完善初中阶段形成的微粒观，着重发展物质结构的层次性、物质结构与性质的关系、微粒间的相互作用及其方式等基本观念。

图7-3 "微粒观"内涵

观念的发展与学习者的知识经验、认知水平等紧密关联。联系中学化学学习主题下各核心概念，如图7-4所示，可将微粒观认识过程划分为以下五个阶段。

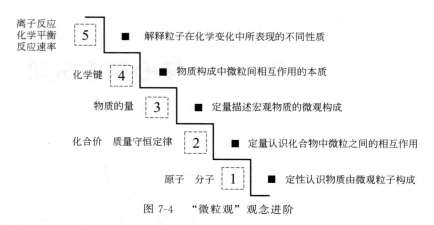

图 7-4 "微粒观" 观念进阶

① 通过原子、分子概念的学习认识到宏观物质由微观粒子组成，能够定性地认识组成宏观物质的微观粒子自身具有一定的结构和特性，并且能初步理解粒子组成宏观物质时需要遵循一定的规律。

② 化合价与质量守恒定律等概念的建立，开始定量认识化合物中微粒之间的相互作用，理解化学变化中原子守恒等定量规律。

③ 物质的量的学习，这是衔接宏观与微观领域、定量描述物质微观构成的重要概念。

④ 化学键概念及内涵的学习，要求学习者深入理解物质构成中微粒间相互作用的本质，能够从化学键断裂、生成的角度理解化学变化。

⑤ 在认识化学反应本质的基础上，以水解、电离、化学平衡、反应速率等概念的建立为标志，能够定性、定量地从宏观和微观的角度解释粒子在化学变化中所表现的不同形态和不同性质，并能够将粒子的这些性质运用到实际生活生产中。

以上五个阶段中，各阶段涉及的重要概念基本都贯穿整个中学化学，随着认识阶段上升，其所涉及的概念数量、概念认知难度也逐渐递增，各阶段所涉及的学段长度也在增加。第四、五阶段集中体现"结构决定性质"这一化学学科中心观念，物质微粒构成、微粒相互作用、微粒空间关系共同决定物质性质，尤其在物质结构与性质模块中晶体类型和有机化学基础模块中碳原子成键特点、同分异构现象、基团之间相互影响等内容集中体现了微粒空间关系对物质性质的影响。

学习任务

● 请以"微粒观"为主线梳理相关概念之间的联系，并绘制概念图。

● 请与同伴讨论应如何在初中与高中阶段引导学生建构与发展"微粒观"?

● 如何有效设计"微粒观"主题大单元（中考、高考）复习课教学？

7.3　"分类观"核心概念进阶

　　分类观并非化学学科的专属,生活中也有大量的分类思想推动生活的有序化,而当分类这一科学方法应用于化学学科时所形成的化学分类观即有强烈的学科色彩,作为方法类化学基本观念之一,化学分类观是指人们基于不同视角,使用不同分类标准对化学物质进行分类,从而整体把握同类事物本质的一种手段。化学分类观是个体认识和理解事物的方法,分类过程中,在不同分类对象和标准相互制约下可得到不同的分类结果,进而掌握同类事物的内在本质。

　　人教版高中化学必修第一册第一章第一节即学习物质的分类和转化,分类是认识和研究物质及其变化的一种常用的科学方法,可以将纷繁复杂的物质分成不同的类别,发现同类物质及其变化的规律,从而预测物质的性质及可能发生的变化。中学化学研究对象包括物质的组成、结构、性质及应用,某种程度上看,分类观覆盖了化学学科研究的所有对象,即不同类别的物质具有相应的组成、结构、性质及应用,由此可见化学分类观在学生观念发展中的重要地位。

　　化学分类观的培养贯穿在初中化学和高中化学的教学中,从初中化学第一个概念"化学变化"开始到高中选择性必修 3《有机化学基础》中各种有机物性质的学习均体

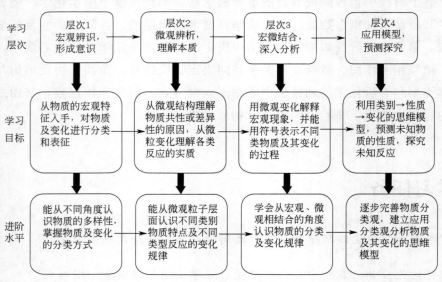

图 7-5　"分类观"学习层次与进阶水平

现着分类思想。正因为这一观念贯穿于整个中学化学，因此随着所学化学知识逐步深入，化学分类观也存在进阶。总体而言，学生对物质及其变化的分类，是一个从宏观现象分类到微观本质分类的逐步深化的过程，基于发展分类观的不同学习层次与要达到的进阶水平可如图 7-5 所示。

与知识类基本观念不同的是，方法类基本观念需要依托于具体知识或研究问题才能在学习过程中加以显化。目前化学分类观的学习进阶主要分为两种类型，物质分类的进阶和化学反应分类的进阶。以物质分类观认知发展进阶为例，从初中到高中，随着学段发展分类标准逐步变化，具体梳理如表 7-2 所示。

表 7-2　物质分类观的发展进程

分类标准	物质类别	学段
单一或多种物质组分	纯净物、混合物	初中
元素组成	单质、化合物（氧化物）	
分子、原子、离子	由分子构成的物质……	
是否澄清透明	溶液、浊液	
物质的性质和组成	氧化物、酸、碱、盐	
分散质粒子的大小	溶液、胶体、浊液	高中必修
溶于水或熔融状态是否导电的化合物	电解质、非电解质	
得失电子	氧化剂、还原剂	
化学键的类型	离子化合物、共价化合物	
官能团	烯、醇、酯、羧酸	
电解质是否全部电离	强电解质、弱电解质	高中选择性必修 1
微观粒子排列是否规律	晶体、非晶体	高中选择性必修 2
构成晶体的微粒	分子晶体、离子晶体、原子晶体	
元素组成	烃、烃的衍生物	高中选择性必修 3
官能团	醚、醛、酮……	

当前物质分类的进阶规律中，物质分类的认知从静态分类向动态分类、由宏观组成层面到微观结构层面发展。许多学者结合学生学业水平层次发展要求，总结出学生对于物质分类的认识存在着一个由笼统分类到清晰形成分类观再到分类扩展的过程。图 7-6 是物质分类及其相关概念的知识层级结构图，较全面地阐述了物质分类观如何随知识体系深化而进阶。

在义务教育阶段，根据物质的组成进行静态分类，但在该学段，分类尚未作为一种科学方法加以显化。高中必修阶段将分类作为第一个学习的科学方法，通过一些分类具体结果以及分类的应用将学生对分类的认识由静态发展到动态，由宏观组成发展到微观结构，在化学变化中扩展物质分类的标准，如氧化物可以根据和酸、碱发生反应中的表现分为酸性氧化物、碱性氧化物等，为将来二氧化硫、二氧化硅等氧化物性质的预测奠定坚实的基础。鉴于此，物质分类观的形成应该是在高中必修阶段。高中

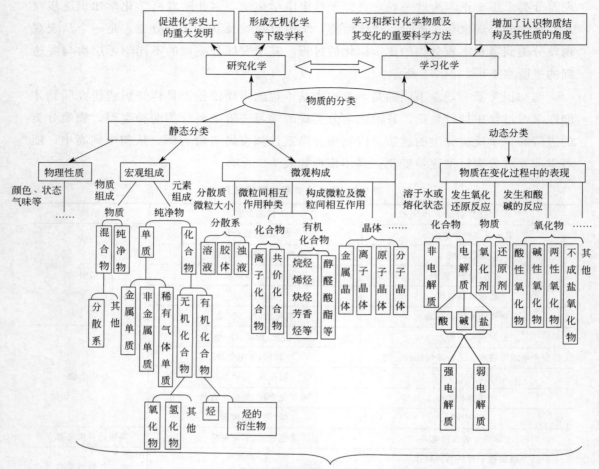

图 7-6 物质分类及其相关概念的知识层级结构图

选择性必修阶段对物质分类视角的进一步扩大，分类的依据更加靠近物质的微观结构和本身的性质，更加强调物质分类在学习化学、研究化学中的重要应用。如"有机化学基础"模块，将分类的依据扩展到根据物质的微观结构——官能团进行分类。从官能团出发预测、分析一类物质具有的性质，进一步彰显该种分类的功能。再如"物质结构与性质"模块，将分类的依据扩展到根据物质的微观结构——晶体结构进行分类，将分类的结果扩展到金属晶体、离子晶体、原子晶体和分子晶体等。这样分类可以促使学生结合晶体的构成微粒、微粒间的相互作用和微粒的堆积情况预测或者解释某一类型晶体的性质，进而理解该晶体的具体应用。

化学反应的分类进阶一般建立于元素和物质的分类基础上，从分类标准看化学反应分类的标准强调从宏观到微观、从单一角度到多角度的认识进程，如化合反应、分解反应等强调宏观物质类别，而离子反应则从微观参与反应的微粒和微粒间相互作用加以分类。

- 请以"分类观"为主线梳理相关概念之间的联系，并绘制概念图。

- 请与同伴讨论应如何在初中与高中阶段引导学生建构与发展"分类观"？

- 如何有效设计"分类观"主题大单元（中考、高考）复习课教学？

7.4 "模型观"核心概念进阶

　　《普通高中化学课程标准》（2017 年版 2020 年修订）将"证据推理与模型认知"作为化学学科核心素养之一，凸显了通过认识、应用和建构模型分析与解决实际问题的重要意义。模型观中存在着学习进阶水平。已有许多研究者在"学习进阶"提出后开始关注模型观中存在的进阶水平。现有学者对模型观的进阶水平划分有两种具有代表性的划分方法。

　　第一种划分方法是对整个模型观的进阶水平进行了划分，包括了模型理解、模型建构、模型运用和模型评价四个水平（见图 7-7），具体水平表述如下。

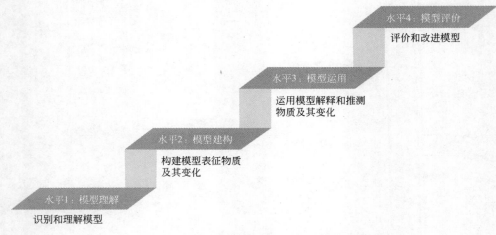

图 7-7　第一种"模型观"进阶水平划分

　　水平 1　模型理解——该水平是指能够基于模型视角，来识别和理解化学科学模型和化学认识模型，能解释模型和对象之间的关系。所谓识别，就是知道模型是对原型的"什么"的模拟；所谓理解，就是知道模型是"怎样"模拟原型的。以对电子云模型的认识为例，电子云模型是化学科学模型，是对元素原子核外电子空间运动状态的模拟（模拟了什么），是用电子在原子核外空间的概率密度的分布来表征的（怎样模拟的）。

　　水平 2　模型建构——该水平是指能够基于模型表征物质及其变化的特征、本质和规律（化学科学模型的建构），表征物质及其变化的一般认识框架（化学认识模型的建构）。例如，在学习铁及其化合物的性质之后，就可以引导学生建构铁元素 0 价、＋2 价和＋3 价之间相互转化的"铁三角"模型。"铁三角"模型是对铁元素不同价态化合物相互转化关系的一种表征，因而是化学科学模型；将"铁三角"模型的建构过程进行抽提，就可以形成多变价元素不同价态化合物相互转化关系的"价三角"模型。"价三角"模型表征的是认识多变价元素不同价态化合物相互转化关系的一般框架，因而属于化学认识模型。

水平 3　模型运用——该水平是指能够选择恰当的化学科学模型或化学认识模型，来描述、解释和预测物质及其变化的特征、本质和规律。例如，选择有效碰撞理论模型解释浓度对化学反应速率影响的规律性。这里选择的是有效碰撞理论模型，即基于活化分子视角进行理论解释，解释的对象是浓度对化学反应速率影响的规律性。

水平 4　模型评价——该水平是指能够评价和改进模型、说明模型的使用条件，灵活运用不同模型解决复杂问题，对复杂问题自主建构模型，探寻模型优化的证据。例如在解释 NH_3 的分子结构时，运用杂化轨道理论，N 原子为 sp^3 杂化，但是 NH_3 分子的键角并不是 $109°28'$，而是 $107°18'$（模型的局限性），结合价层电子对互斥理论中对键角的解释就能很好地解决这个问题。

与第一种划分方法不同的是，第二种模型观的水平划分是专注对模型本质观的进阶水平划分。且第二种划分方法将模型本质观划分为五个维度，再分别将五个维度划分为 4 个进阶水平。这 4 个进阶水平分别对应小学低年级（1～3 年级）、小学高年级（4～6 年级）、初中、高中及以上四个阶段学生应该达到的水平。低水平到高水平趋向从具体到抽象，从单一到复杂，从定性到定量，从低功能到高功能，从不变到变化。具体表述见表 7-3。

表 7-3　第二种"模型观"水平划分

维度	模型-实物关系	模型的内容	模型的表征	模型的功能	模型的发展
水平 1	模型是实物的复制品	模型能表征具体实物，例如车模、建筑模型等	模型的表征形式可以是复制品、立体模型	模型可以用来描述实物或现象	对于一个特定现象，只有一个正确模型
水平 2	模型和实物是有差别的，模型具有一些共同特征	模型能表征事件中各变量之间的关系、科学原则、过程	模型的表征形式可以是示意图、图画、图表、地图、剧本等	模型可以用来描述对科学事件的想法	假如模型本身包括错误，或若它的创造者想要改变它，模型是可以改变的
水平 3	模型是一种理想化的表征形式，其具有局限性	模型能表征含未知因素的系统、不可观察变量间的定量关系等	模型的表征形式可以是类比、案例、抽象概念。同一原型对应模型的表征形式可以多样化	模型可以用来进行推理、解决问题、解释科学现象	如果有新的发现或见解，模型是可以改变的
水平 4	模型是实物的理论化建构，模型的可靠性是可以检验的	模型能表征复杂系统或过程、系统各变量之间的关系或系统间关系	模型的表征形式可以是符号、方程、公式等，模型的目的决定了其表征形式的多样性	模型可以帮助一个科学事件形成预测，或预测理论如何得到应用	自然界中的模型都是暂时的，科学模型能够被检验，并且根据检验修正原来的错误假设

学习任务

● 请以"模型观"为主线梳理相关概念之间的联系，并绘制概念图。

● 请与同伴讨论应如何在初中与高中阶段引导学生建构与发展"模型观"？

● 如何有效设计"模型观"主题大单元（中考、高考）复习课教学？

参考文献

［1］　Zohar，AR. & Levy，ST. Fromfeelingforcestounderstandingforces：Theimpactofbodilyengagementonlearninginscience ［J］. JournalofResearchinScienceTeaching，2021，58（8）：1203-37.

［2］　安红钢，吴冬青. 催化剂与反应速率及化学平衡关系的论证［J］. 河西学院学报，2005（05）.

［3］　北京师范大学等. 无机化学（上册）［M］. 4版. 北京：高等教育出版社，2002.

［4］　毕华林，杜明成. 初中化学教科书中微粒观的构建及其教学策略［J］. 山东教育，2012（Z2）：90-92.

［5］　毕华林，卢巍. 化学基本观念的内涵及其教学价值［J］. 中学化学教学参考，2011（06）：3-6.

［6］　毕华林，卢巍. 基本观念的内涵及其教学价值［J］. 中学化学教学参考，2011（6）：3-6.

［7］　陈仕美. 应用热力学的观点讨论某些无机物的热稳定性［J］. 赣南师范学院学报. 2000（3）：46-48.

［8］　谌秀云. 中学生化学反应学习进程研究［D］. 上海：华东师范大学，2012.

［9］　成梦醒. 基于化学分类观的人教版初高中化学教材分析［D］. 华南师范大学，2021.

［10］　单媛媛，郑长龙. 我国高中"电化学"主题教学研究现状——基于2008～2018年国内硕士学位论文的分析［J］. 化学教学，2020（04）：28-32.

［11］　邓峰. 高中生科学模型认识观的结构与特点［J］. 化学教育，2011，32（10）：41-44.

［12］　杜明成. 中学化学基本观念的内涵及其学习价值［J］. 山东教育（中学刊），2006（08）：26-28.

［13］　房喻，徐端钧. 普通高中化学课程标准（2017年版）解读［M］. 北京：高等教育出版社，2018.

［14］　符吉霞，占小红. 基于学习进阶的化学概念教学内容整合研究——以"元素周期律和周期表"为例［J］. 化学教学，2020（06）：38-42，47.

［15］　傅献彩，沈文霞，姚天扬，侯文华. 物理化学上册［M］. 5版. 北京：高等教育出版社，2011：272.

［16］　傅献彩，等. 物理化学（上册）［M］. 5版. 北京：高等教育出版社，2015.

［17］　傅献彩，等. 物理化学（下册）［M］. 5版. 北京：高等教育出版社，2015.

［18］　何彩霞. 围绕"化学元素观"展开深入学习——以"水的组成"教学为例［J］. 化学教育，2013，34（04）：36-39.

［19］　何彩霞. 整体把握和实施观念建构的化学教学研究——以高中化学必修1"离子反应"单元为例［J］. 中学化学教学参考，2011（07）：12-14.

［20］　侯前进. 溶液酸碱度测定方法的"前世今生"［J］. 中学化学教学参考，2014（08）：45-46.

［21］　胡发良. 基于学习进阶的"二氧化碳制取的研究"实验教学［J］. 中学化学教学参考，2020（20）：62-64.

［22］　华彤文，等. 普通化学原理［M］. 4版. 北京：北京大学出版社，2002.

［23］　黄谦. 将化学史引入课堂教学的探索——"原电池"教学中化学核心素养的养成［J］. 化学教与学，2019（09）：31-33.

［24］　黄琼. 中学化学教学中学生物质微粒观的培养［D］. 济南：山东师范大学，2009.

［25］　冷永刚，罗渝然. 高中教学中如何讲授化学反应的活化能［J］. 化学教育，2012，33（10）：5-8.

［26］　梁永平，郑敏. 中学生微粒性认识理解水平的调查研究［J］. 化学教育，2004（01）：38-44，54.

［27］　林建芬，钱扬义. 基于认知模型探讨高中生化学概念的进阶学习——以人教版必修2"元素周期律"的教学为例［J］. 中学化学教学参考，2015（17）：33-36.

［28］　卢荣耀. 几种常见铜盐溶液的颜色问题［J］. 中学化学教学参考，2012（04）：47.

［29］　鲁欢欢. 基于模型建构的"原电池的工作原理"教学研究［D］. 山东师范大学，2018.

［30］　鲁静，李慧敏，周璇娜，等. 基于SOLO分类理论的单元教、学、评一体化学习进阶设计——以"金属及其化合物"为例［J］. 化学教育（中文），2020，41（13）：42-47.

［31］　罗滨，支瑶. 新版课程标准解析与教学指导（高中化学）［M］. 北京：北京师范大学出版社，2019.

［32］　吕志玲. 初中化学分类观进阶分析与建构策略［J］. 中学教学参考，2021（14）：72-73.

[33] 马云云，吴星．高中化学基本学科观念建构的新视角［J］．化学教育，2020，41（3）：67-71.

[34] 毛立可．高中化学杂化轨道理论疑难问题解析［J］．中学理科园地．2017，（04）：52.

[35] 苗宁．中学生"化学反应与能量"学习进程的研究［D］．南京师范大学，2012.

[36] 普通高中教科书化学必修第二册［M］．北京：人民教育出版社，2019.

[37] 普通高中教科书化学必修第二册［M］．南京：江苏凤凰教育出版社，2021.

[38] 普通高中教科书化学必修第二册［M］．济南：山东科学技术出版社，2019.

[39] 普通高中教科书化学必修第一册［M］．北京：人民教育出版社，2019.

[40] 普通高中教科书化学必修第一册［M］．南京：江苏凤凰教育出版社，2019.

[41] 普通高中教科书化学必修第一册［M］．济南：山东科学技术出版社，2019.

[42] 普通高中教科书化学选择性必修1［M］．北京：人民教育出版社，2019.

[43] 普通高中教科书化学选择性必修1［M］．南京：江苏凤凰教育出版社，2021.

[44] 普通高中教科书化学选择性必修1［M］．济南：山东科学技术出版社，2019.

[45] 普通高中教科书化学选择性必修2［M］．北京：人民教育出版社，2019.

[46] 普通高中教科书化学选择性必修2［M］．南京：江苏凤凰教育出版社，2021.

[47] 普通高中教科书化学选择性必修2［M］．济南：山东科学技术出版社，2019.

[48] 普通高中教科书化学选择性必修3［M］．北京：人民教育出版社，2019.

[49] 普通高中教科书化学选择性必修3［M］．济南：山东科学技术出版社，2019.

[50] 普通高中教科书教师用书化学必修第一册［M］．北京：人民教育出版社，2019.

[51] 普通高中教科书教师用书化学必修第一册［M］．济南：山东科学技术出版社，2019.

[52] 普通高中教科书教师用书化学选择性必修2［M］．北京：人民教育出版社，2019.

[53] 普通高中课程标准实验教科书化学选修5［M］．北京：人民教育出版社，2004.

[54] 普通高中课程标准实验教科书化学选修5［M］．济南：山东科学技术出版社，2004.

[55] 普通高中课程标准实验教科书化学选择性必修1［M］．北京：人民教育出版社，2004.

[56] 齐红涛，赵河林，王磊．物质的分类相关概念及其教学分析［J］．化学教育，2012，33（04）：10-15.

[57] 乔国才．分子、原子概念的变迁研究［J］．中学化学教学参考，2015（13）：42-46.

[58] 任峰，周祖保．运用pH滴定法测定弱酸的电离常数［J］．化学教育（中文），2021，42（05）：72-76.

[59] 佘雪玲．高中化学教师"氧化还原"概念架构的调查研究［D］．华南师范大学，2021.

[60] 宋天佑等．无机化学（上册）［M］．第四版．北京：高等教育出版社，2019.

[61] 宋晓盈．高中化学"电解池"学习进阶研究［D］．石家庄：河北师范大学，2017.

[62] 苏莉虹．中学化学"原电池"核心概念的进阶教学设计研究［D］．南昌：江西师范大学，2016.

[63] 孙影．基于ChemQuery评价系统的化学变化学习进阶研究［D］．济南：山东师范大学，2015.

[64] 孙悦，赵丽娜．中学化学"物质化学反应与能量"模块学习进阶的研究［D］．黑河教育，2020（11）：33-34.

[65] 孙重阳，薛青峰．学习进阶理论下的化学观念发展［J］．中学化学教学参考，2020（15）：9-12.

[66] 唐隆健．对高中化学增加"反应历程"内容特殊意义的思考［J］．化学教学，2021（10）：87-91.

[67] 童文昭，邹国华，杨季冬．基于学习进阶视角的化学核心概念的界定——以"物质结构"为例［J］．化学教学，2019（02）：3-7.

[68] 涂华民．颜色的化学与物理学本质［J］．化学教育，2005（08）：7-10.

[69] 王灿．化学史中的科学发展观——以"化学电源"教学设计为例［J］．化学教学，2014（08）：31-34.

[70] 王静．高中"化学键"核心概念的学习进阶研究［D］．烟台：鲁东大学，2020.

[71] 王军，任同祥，王松．物质的量——摩尔的重新定义［J］．中国计量，2018（9）：34-35.

[72] 王秀莲，胡希华．浅谈物质的颜色与结构的关系［J］．化学教学，2000（02）：44-46.

[73] 宋天佑，程鹏，王杏乔，等．无机化学［M］．2版．北京：高等教育出版社，2009：207-208.

[74] 吴晗清，张岩．基于学习进阶的气体制备及性质的教学研究［J］．化学教育（中英文），2021，42（03）：31-37.

[75] 吴微，邓峰，伍春雨，等．高一学生"氧化还原反应"观念结构的调查研究［J］．化学教学，2020（05）：29-35.

[76] 吴星，吕琳，张天若．中学化学疑难辨析［M］．南京：江苏教育出版社，2012.

[77] 吴星．中学化学学科理解疑难问题解析［M］．南京：上海教育出版社，2020.

[78] 吴有萍．高中电化学核心概念学习进阶研究［D］．西北师范大学，2017.

[79] 谢婷婷．高中"溶液"化学核心概念及其学习进阶研究［D］．西安：陕西师范大学，2018.

[80] 辛本春．中学生化学基本观念培养的研究［D］．济南：山东师范大学，2008.

[81] 邢丽娟，王振芳．基于科学本质观的化学课堂教学研究——以鲁科版《化学能转化为电能——电池》为例［J］．福建教育学院学报，2015，16（09）：86-88.

[82] 邢其毅．基础有机化学［M］．4版．北京：北京大学出版社，2016.

[83] 徐敏，张建文．深入原电池原理本质促进学生观念和能力的发展［J］．化学教育，2015，36（19）：27-31.

[84] 徐颖．模型方法在概念教学中的应用——以"物质的聚集状态"教学为例［J］．中学化学教学参考，2018（02）34-35.

[85] 许云蕾．电化学概念量表的开发与应用［D］．济南：山东师范大学，2019.

[86] 杨涛，王兴田．化学学科核心素养在物质结构教学中落实案例—以"杂化轨道理论"为例［J］．化学教与学．2020（04）：42-44.

[87] 义务教育教科书化学九年级上册［M］．北京：人民教育出版社，2012.

[88] 义务教育教科书化学九年级上册［M］．济南：山东教育出版社，2012.

[89] 义务教育教科书化学九年级下册［M］．北京：人民教育出版社，2012.

[90] 于蕾．高中生电解质相关概念的心智模型研究［D］．太原：山西师范大学，2019.

[91] 于振涛，余森，程军，等．新型医用钛合金材料的研发和应用现状［J］．金属学报，2017，53（10）：1238-1264.

[92] 余淞发，邓峰，江世忠，曾萍．"配制一定物质的量浓度溶液"的相关问题及对策［J］．中学化学教学参考，2019（13）：67-68.

[93] 张发新．谈"化学微粒观"的内涵及其教育价值［J］．化学教育，2015，36（19）：8-11.

[94] 张发新．谈化学元素观的进阶学习［J］．现代基础教育研究，2016（3）：190-194.

[95] 张发新．以"学习进阶"方式统整"元素化合物知识"的教学［J］．．化学教学，2014（10）：34-37.

[96] 张建强．高中有机化学"核心知识"学习进阶研究［D］．石家庄：河北师范大学，2018.

[97] 张静，丁林，高佳利．模型本质观进阶框架的理论构建及实证研究［J］．化学教育，2017，38（10）：73-78.

[98] 张娟．基于化学学科核心素养发展的化学史教学研究［D］．南昌：江西师范大学，2018.

[99] 张祖德．无机化学．2版．合肥：中国科学技术大学出版社，2019.

[100] 章伟光．无机化学［M］．2版．北京：科学出版社，2017.

[101] 赵河林等．从促进学生科学素养发展的视角研究高中化学新课程教材——北师大"新世纪"（山东科技版）选修模块教材《物质结构与性质》的分析［J］．中学化学教学参考，2009（12）：3-8.

[102] 赵武，符明淳．元素的化合价和氧化数概念的区别［J］．内蒙古电大学刊，2007（5）：121-123.

[103] 浙江大学普通化学教研组．普通化学［M］．6版．北京：高等教育出版社，2011.

[104] 郑长龙．核心素养导向的化学教学设计［M］．北京：人民教育出版社，2021；30-31.

[105] 郑长龙．化学学科理解与"素养为本"的化学课堂教学［J］．课程·教材·教法，2019，39（9）：120-125.

[106] 中华人民共和国教育部．普通高中化学课程标准（2017年版2020修订版）［M］．北京：人民教育出版社，2020.

[107]　周公度，段连运．结构化学基础［M］．4 版．北京：北京大学出版社，2008．

[108]　朱玉军，李宗和．化合价的历史演变［J］．化学教育，2009，30（11）：80-82．

[109]　朱云．"学习进阶"在有机化学教学中的应用——《有机化学基础》专题 4 复习课教学设计［J］．化学教与学，2018（04）：43-45．

[110]　宗国庆，陈红，杨彦彦．化学史教学资源包开发模型的构建——以"化学能与电能"为例［J］．化学教与学，2017（02）：8-12．

[111]　邹国华，童文昭，韩闽江．促进空间能力进阶发展的物质结构空间模型教学分析［J］．化学教学，2018（09）：52-56．

[112]　邹国华，童文昭．"离子反应"学习进阶及其教学分析［J］．化学教育（中英文），2018，39（17）：22-25．

[113]　邹国华．学习进阶视域下电化学核心概念的认识功能分析［J］．化学教学，2017（10）：22-26．